佃农理论

The Theory of Share Tenancy

张五常经典作品系列

张五常◎著
姜建强◎译

中信出版集团 · 北京

图书在版编目（CIP）数据

佃农理论 / 张五常著；姜建强译. -- 2 版. -- 北京：中信出版社，2017.12 （2025.7 重印）
ISBN 978-7-5086-6706-5

Ⅰ. ①佃… Ⅱ. ①张… ②姜… Ⅲ. ①佃农 – 理论研究 ②土地改革 – 研究 – 台湾 Ⅳ. ①D01 ②F327.58

中国版本图书馆 CIP 数据核字（2016）第 220406 号

佃农理论

著　　者：张五常
译　　者：姜建强
出版发行：中信出版集团股份有限公司
（北京市朝阳区东三环北路 27 号嘉铭中心　邮编　100020）
承 印 者：北京盛通印刷股份有限公司

开　　本：880mm × 1230mm　1/32　　印　　张：7.25　　字　　数：165 千字
版　　次：2017 年 12 月第 2 版　　印　　次：2025 年 7 月第 9 次印刷
书　　号：ISBN 978-7-5086-6706-5
定　　价：36.00 元

目 录

第三章　分成租佃的传统观点和对不同假说的检验

第四章　交易费用、风险规避与合约安排的选择

第五章　分成地租管制的转移效应：抵消式合约再安排的假说和证据

第六章　分成地租管制的资源配置效应：耕作强度增加的假说

引　言

拉斯·沃因

曾几何时，几乎每个经济学家都想当然地以为，市场上的买卖活动犹如真空中的自由落体那样不受任何束缚，完成这些交易活动所需的信息就像太空中的以太那样垂手而得。他们认为，在进入交易以及执行交易的过程中，无需投入任何资源，或更准确地说，要么交易无任何费用，要么交易因费用太高而无法进行。对于后一种情况，很多经济学家或许很自然地建议政府施以援手——这同样被假设是没有费用的。至于“企业”，它们被看作是外生给定的，只是将要素和产出以各种可能的搭配组合在一起的技术装置，类似于温度计那样，不费分毫记录市场价格，并自动完成能实现利润最大化的产量。

传统理论的先驱者们在经济学上具有非凡的智慧，他们试图从理论上对经济秩序的本质做一种程式化的描述。这并不是一项简单的任务。经济秩序是我们所能想到的最为神奇的一种现象。想一想吧，市场能够顺利地将世界上每个人的活动合理地协调起来，而且从不间断！对此，传统的分析成功地进行了数学化。毫无疑问，这些工作拓宽了我们对人类经济社会基本运作的认知。但长期以来，传统模型及其分析工具开始更多地用来分析它们所不熟悉的内容。由于这种分析方法高度抽象，我们不能指望用它去解释那些将我们与市场联结起来的各种具体现象。它无法解释我们称为企业的制度——如我们所见，除了一个形式化的骨架之外，它对企业制度没有任何分析。不过，越来越多的经济学家开始使用传统理论来讨论这些问题。

这种努力偶尔也结出了果实，但在大多数情况下，那些满怀期望的学子得到的都是些错误的结论，他们甚至都不会去想这些模型能否胜任这个任务。在大量的应用研究中，一个又一个的经济学家断言他们所观察到的经济行为是无序的、无效率的或完全不正常的。当然，他们陷入了这样一个科学困境：最终得到的不过是一种理性地将人们描述成非理性的理论。根本的问题在于，传统分析忽略了与人们决策和活动有关的某些至为重要的局限条件。

在20世纪30年代、40年代以及50年代，一小批杰出的学者填补了这项空白。最具重要意义的研究成果来自科斯，他证明了个人决策和经济活动总是要受到产权结构和交易费用的约束。（稍早前，奈特触及了这个问题的核心，但仍然存在着一些误区）。阿尔钦与科斯一起对产权的作用进行了探索。哈耶克、阿罗和施蒂格勒开始研究信息——或者更准确地说，是信息缺失——的重要意义。在此还可以提及其他名字，但其实应该包括所有学者。

一项重要的任务还有待完成。新的理论框架已经建立起来，但要证明其科学价值，就要将它运用在光天化日之下。尤其是，这个研究范式必须要用于分析重要的市场现象，这些现象不仅要能够唤起那些长期浸淫在传统理论中的经济学家的好奇心，而且还是他们认为他们曾经解释过的。如果不能迈出这一步，新的分析框架的威力将很难最终令人信服地得到承认。一场火的洗礼是必不可少的。

我认为，几乎不可能从一些具体的研究中挑出可以明确地、无可争辩地开启这场洗礼的火种。比如，科斯自己研究过无线电波频率（不存在的）市场。戴维德考察了捆绑销售这种复杂的现象，虽常被援引，但其理论从未正式发表。科斯和阿尔钦在他们的基础性文章中也做过实例分析，但这些分析都是很简略的。不过，那时到处活跃着一批雄心勃勃的年轻学者，他们开始以一种科学的方式应用新的分析工具。30 岁的张五常就是他们中的一员。如果一定要将胜利的桂冠授予某个人的话，我认为非他莫属。现在的这本书就是张五常的重磅力作，最初发表于 1969 年，已多年不再版。作为一部经典之作，该书的重新发行可以说姗姗来迟。人们一定觉得有责任将这本饱含心血和耐心的著作再度呈现在我们的面前，而不只是让作者确信他的书真的成了经典。

《佃农理论》是一本科学杰作。这本书为我们解释日常观察到的各种市场安排建立了一种研究范式，并提供了全新的分析方法。张五常或许是第一个令人信服地证明了，从经济学的角度应该将合约理解为结构化的合约。在他看来，大多数合约都是在各种可能的条款结构以及处理信息与实施控制的多种安排中进行选择的结果。由于这个开创性的研究，“合约选择”在经济学中的重要性得到了确立。《佃农理论》在很大程度上使得“合约”成为一个广为人知的学术术语。大约 1970 年之前，在经济学的专业论文及教科书的目录中，“合约”一词几乎很少出现，但是很快它就成为最重要的词条之一。

张五常选择分成租约作为他的博士论文重点研究的内容。这个决定是成功的，原因有三。首先，分成租约过去是（现在仍然是）农业中一种重要的治理形式，在各种服务交易中也是如此。其次，在所有合约安排中，分成租约的问题最具代表性：今天这些问题常常是在“委托代理”的标题下进行讨论的。再次，以前关于分成租约的结论似乎过于简单，甚至令人生疑，因而有必要对它们进行重新思考。张五常不仅证明他是新的理论分析框架的大师级人物，而且他在很大程度上也是奠基者。《佃农理论》之所以令人信服，是因为作者充分掌握了大量有关分成租佃的理论文献，分析细致入微，小心求证各种实证数据。这本书的主要结论——之前所有的研究结论均是错误的，关于分成租约无效率的断言不过是一种幻觉——现在已成为经济理论的一部分。对于那些习惯于宣称无效率却又无法明确指出任何可行办法来根除这些所谓无效率的经济学家而言，这无疑是致命一击。因为他们忽视了非常具体的成本局限条件，自然找不到问题的症结所在。

最后，阅读《佃农理论》是一个令人兴奋的过程。作者对自己的研究以及自己所做的一切深信不疑，这本书自始至终都令读者对接下来的内容充满期待。没有多少经济学著作能给读者带来这样奇妙的感受。

斯德哥尔摩，2000 年 5 月

前　言

四年前，我收集了有关财产法以及亚洲农业数据方面的资料。我当时希望用经济学理论将这些资料整合到我在洛杉矶加州大学的博士学位论文之中。要不是我的导师说服我，将研究的重心只集中在由农业法律界定的两组产权局限以及有关的租约安排方面，我的努力可能会一无所获。

即便收缩了研究范围，任务依然困难。台湾实施分成地租管制导致租佃农地的产量上升，这个观察结果乍看上去与经济学理论是不相符的。我做了长时间的调查，以确保数据可靠，并试图用分成地租管制之外的其他因素来解释产量上升。这个调查没能解决问题，我决定用标准的经济学理论推出与分成租佃有关的理论假说。但当我完成论文的初稿之时，我发现除了具体的农业改革，我还对一般性的土地使用权安排产生了同样的兴趣。我对这个问题进行了更为深入的研究，并经过多次修改，结果便有了这本书。

长期以来，经济学家和研究土地使用权方面的作者试图从效率孰高孰低的角度对不同租约安排的资源使用进行排序。比如，人们一直认为分成租佃是无效率的，正如期限较短的租约那样。人们确实普遍认为租佃制的效率低于自耕农。研究发展经济学的学者往往认为，标准的经济学理论不适用于分析欠发达的经济体。他们要么宣称这些经济体是特例，要么认为它们是“非理性的”，要么提出诸如“隐性失业”和“二元经济”这样一些特殊理论。然而，这些分析忽略了相关的产权局限条件。自然，我不能同意他们的结论。

每个交易都涉及一份合约。市场上进行的交易包括产权在签约方之间进行断权或部分转让。对这些转让进行协商的合约安排有很多种，且各不相同。我不仅不会对这些安排的效率高低进行排序，我还要证明，这种不考虑产权局限的排序是没有意义的。此外，我试图解释：（1）为什么农业的产出模式在两组不同的产权局限条件下会存在差异；（2）为什么在同样的产权局限条件下人们会选择不同的合约。

作为洛杉矶加州大学的学生，我一次又一次地旁听阿尔钦和舒赫拉发的价格理论课程。他们在思想上对我影响深远。他们和罗伯特·鲁尼（Robert Rooney）共同指导了我的论文写作。其他人给了我宝贵的鼓励和支持，他们是叶夫谢·多马（Evsey Domar）、梅森·加夫尼（Mason Gaffney）、朱迪丝·曼（Judith Mann）、约翰·皮朋格（John Pippenger）以及迈克尔·汤姆森（Michael Thomson）。埃尔登·德沃夏克（Eldon Dvorak）曾是我在长滩加利福尼亚州立学院的同事，他几乎每天都为我提供帮助。在最终稿的修订过程中，盖尔·约翰逊（Gale Johnson）和西奥多·舒尔茨（Theodore Schultz）慷慨地让我使用他们的人力资本。哈里·约翰逊（Harry Johnson）通读了全部手稿，并做了评论。第四章是最后完成的，我从罗纳德·科斯（Ronald Coase）、哈罗德·德姆塞茨（Harold Demsetz）、约翰·麦克马纳斯（John McManus）以及乔治·施蒂格勒（George Stigler）的建议中获益良多。我的研究助手帕特丽夏·库特纳（Patricia Kuttner）承担了大部分的校对和索引编辑工作。

台湾几家机构非常友好地向我提供了极为重要的数据资料，它们是“中美农村复兴联合委员会”，台湾省土地局、台湾省农林局以及台湾银行。位于长滩的加州学院经济系和图书馆，以及位于伯克利、斯坦福、洛杉矶加州大学和芝加哥的东方图书馆，为我提供了必要的研究设施和数据资料。

我还要感谢三家机构提供的资助：礼来基金会对洛杉矶加州大学的产权和行为研究项目的资助，芝加哥大学提供的1967—1968学年政治经济学博士后奖学金，以及福特基金会对芝加哥大学包括农业经济学在内的国际研究项目的支持。

张五常

芝加哥，1968年

第一章　导论

A. 研究范围

本书分为两大部分。第一部分推导出一个分成租佃理论，并以此探讨一种主要的农业土地使用权安排中的资源配置问题。分成租佃是一种土地租约，佃农在每一时期按照产出收成的一个约定的百分比支付地租。原则上，地主提供土地，佃农提供劳动，其他的要素投入可以由任意一方来提供。分成租佃因而也是一种分成合约，本书将它定义为：两个或两个以上的签约方为了生产共同约定的某种产品而将各自的生产要素组合在一起，实际产出按照共同约定的一个百分比进行分享，作为各方贡献生产性资源的回报。这个理论是由标准的经济理论推导而来，可以一般化地用于分析相同资源所有权中的所有土地使用权形式。

一般认为，分成租佃导致无效率的资源配置。[①]本书将揭示，无论在理论上还是在实证上，这种无效率的观点都是一种错觉。在私有产权制度下，不管是地主自己耕种土地，雇用帮手来耕种，还是以固定租金出租土地，抑或与佃农进行分成，所隐含的资源配置都是相同的。换言之，只要这些合约安排本身是基于私有产权而订立的，不同的安排并不意味着资源配置的效率有什么不同。我们将主要根据对亚洲农业的观察，对不同理论的含义进行检验。

合约选择以及土地租约中的各种规定有待进一步的研究；我将试图证明，人们看到的租约安排是符合选择理论的。但是，如果私

---

① 除古典经济学家外，现代论文中认为分成租佃制在资源配置上是无效率的有：莱纳·沙克雷（Rainer Schickele, “Effect of Tenure Systems on Agriculture Efficiency”, Journal of Farm Economics, February, 1941）；厄尔·赫迪（Earl Heady, “Economics of Farm Leasing Systems”, Journal of Farm Economics, August, 1947）；赫迪和肯博格（Earl Heady and Earl Kehrberg, “Relationship of Crop-Share and Cash Leasing Systems to Farming Efficiency”, Research Bulletin, Iowa State College Agricultural Experiment Station, May, 1952）；查尔斯·伊沙威（Charles lssawi, “Farm Output Under Fixed Rentsand Share Tenancy”, Land Economics, February, 1957）；乔治斯库·罗金（N. Georgescu-Roegen, “Economic Theory and Agrarian Economics, Oxford Economic Papers, February, 1960）；阿马蒂亚·森（AmartyaK.Sen, “Peasants and Dualism with or without Surplus Labor”, Journal of Political Economy, October, 1960）。

但也存在着例外。例如，盖尔·约翰逊在其论文（D. Gale Johnson, “Resource Allocation under Share Contracts”, *Journal of Political Economy*, April, 1950）中不接受无效率的观点，尽管他的理论模型是支持的。卜凯（J. L. Buck, *Chinese Farm Economy*, Chicago, University of Chicago Press, 1930）和布雷（J. O. Bray, “Farm Tenancy and Productivity in Agriculture: The Case of the United States, *Food Research Institute Studies*, 1963）不同意土地租佃制无效率的观点，因为他们在分成合约中观察到的土地使用情况并没有证实传统的观点。我们将在第三章详细讨论这个问题。

有产权被削弱或废除，或者政府干扰资源配置的市场过程，那么资源的配置将会有所不同。基于同样的理论，我将在附录A中证明，有关隐性失业和二元经济的几个假说均是错误的。它们的错误源于忽略了土地使用的灵活性，也没有考虑到相关的产权法。

本研究的第二部分将分成租佃理论（下称佃农理论）应用于这样一种情形，即地租分成率被政府限制在法定的最高比率以下的情况。由此可以推出两个一般性的假说。一个假说与补偿性支付和土地使用权再安排有关，它们是抵消式的合约再安排，可能使得租金比率的上限管制失效。另一个假说与资源再配置有关，只有在补偿性支付和土地使用权再安排被法律有效地禁止时，它才变得有意义。对于后一种假说，佃农理论的含义是：如果地租占年产量的比例受法律限制而下降，那么租佃农地的耕种强度会增加。我们将用观察到的事实来验证资源再配置的各种含义。特别是，我们将提供证据证明：在地租分成率被有效管制的情况下，与相同资源在其他地方使用的情况相比，分成租佃制中的土地边际产量将会较高，而佃农投入的边际产量则会较低。

尽管一些亚洲国家或地区也曾经对地租分成率实施过类似的管制，但本书的第二部分主要以台湾为研究对象。这是因为台湾存在着两个有利条件。首先，在台湾土地改革的第一阶段，先执行减租政策，其后才引入其他改革措施。[①]这样，我们就有大致三年的时

① 例如，在菲律宾，分成地租的管制是与强制性的土地再分配改革同时进行的。参见弗雷特·布尔（Frate Bull, “Philippines Land Reform,1950－1958”, International Cooperation Administration, USOM／Philippines, Manila, 1958）。

间，可以在其他因素不变的条件下考察地租管制下资源再配置的情况。其次，台湾的减租规定及其执行都非常严格，足以用来揭示由佃农理论推导出来的一些重要含义。

B. 台湾土地改革的性质和起因

在关于土地使用权的理论文献中，土地改革的定义一直充满着争议。但是，这里使用“土地改革”这一术语的含义并不复杂，它主要是指与土地所有权有关的一系列法律变更，这些变更会影响财富分配或资源配置。

比如在台湾，被大肆宣扬的土地改革并不是在一夜之间突然产生的，而是对原有法律进行一系列细微调整并实施之后的产物。日本于 1945 年将台湾归还中国之后，中国法律中与土地权利有关的条文便开始正式实施。自 1949 年 4 月起，这组法律很快被修订，其中一些重要条款将会在下一节进行详细讨论。在随后的四年里，台湾的土地改革总计增补了 350 项条款。[①]尽管改革的内容非常繁杂，但大致上我们可以将它分为三个阶段。

第一阶段是实施一个租金限制计划，将地租分成率从大约 56.8%的估计均值统一降低到最高不超过农作物年产量的 37.5%。这一阶段制定了两组条例。第一组条例包括 18 项条款，于 1949 年

① 参见陈诚，《台湾土地改革》（Cheng Chen, *Land Reform in Taiwan*, Taipei: China Publishing Co., 1961），第181—292页。

4 月 14 日在台湾颁布并实施。[①]第二组条例包括 31 项条款，1951 年 6 月 7 日颁布，原定于 1952 年 2 月正式实施。[②]这两组条例在以后的章节中均会讨论到，但我只关注第一组条例的经济含义，因为没有证据表明第二组条例真正实施过。

土地改革的第二阶段是出售公有土地，目的是让农民成为自耕农。[③]这项改革计划于 1951 年 6 月开始颁布，并在同年 7 月到 1953 年 6 月实施，涵盖了一部分属于当局所有但由农民租种的土地。受这项改革影响的耕地资源数量并不多。[④]第三阶段的改革最为复杂，往往被认为是台湾土地改革的重头戏。它始于 1953 年 1 月，主要是“耕者有其田条例”（Land-to-the-Tiller Act）的颁布和实施。在这项改革中，地主拥有超过 3 公顷以上的土地均由当局强制收购。补偿款是被收购土地的年均总产量的两倍半，支付

---

① 参见汤惠孙，“《自由中国之土地改革》”，台北：“中美农村复兴联合委员会”（Hui-sun Tang, *Land Reform in Free China*, Taipei: Sino-American Joint Commission on Rural Reconstruction, 1954），第221—223页。这是一组题为“台湾省私有耕地租用办法”的条例。在1947年，中国大陆的几个省也曾推行了类似的减租政策。

② 参见陈诚，《台湾土地改革》，第191—197页；汤惠孙，“《自由中国之土地改革》”，第224—228页。这组条例的题目为“耕地三七五减租条例”。实施细则是在1952年2月2日制定的。参见汤惠孙，“《自由中国之土地改革》”，第229—231页。

③ 参见陈诚，《台湾土地改革》，第199—212页。

④ 参见“中美农村复兴联合委员会”（Sino-American Joint Commission on Rural Reconstruction，以下简称JCRR），《JCRR关于中华民国土地改革的年度报告》（以下简称《年度报告》），综合卷，油印稿，1965年，第3章。

方式是当局发行的土地债券以及公有企业的工业股票。收购来的土地按照规定的面积以同样的价格转售给农民，农民在 10 年内分期付款，且无需支付利息。在强制性的土地再分配之后，私人间的土地转让就被禁止了。[①]本书并不讨论台湾改革的第二以及第三阶段。

尽管这些改革条例数量众多，且各不相同，但从中可以看出两个共同的政策意图。第一个意图是破坏土地租赁制，方法是干预合约条款以“保护”佃农，或者完全废除土地租约。第二个意图是强制推行有利于农民的财富再分配。台湾的决策者和执行改革的官员不难为他们的改革措施找到辩词，其中就有人宣称现有的财产制度完全过时了：

> 台湾土地改革的实施正当其时。时机很合适，因为地主当时已经老无所用，土地所有制已经成为农业乃至工业发展的障碍……在耕地有限和所有制不合理的情况下，农业中的就业不足已成为严重的问题。[②]

他们抛出的第二个理由是，在现有的土地租赁特别是分成租佃

① 关于“耕者有其田”改革中的管理规定，最为详尽的记录参见陈诚的《台湾土地改革》，第202—292页。关于“立法”以及实施中的复杂性，可以参见JCRR《年度报告》，第4、5章。

② T · H · 李（T. H. Lee，“Impact of Land Reform on Agriculture Development and Rural Employment in Taiwan”，Taipei: Sino-American Joint Commission on Rural Reconstruction mimeographed paper 63-RED-M-176），第1—2页。

的制度下，农业生产是没有经济效率的，表现在以下三个方面。①（1）土地租约通常是短期的，或非永久性的，这让佃农没有安全感，因而是没有效率的。（2）佃农的每单位产出都有一部分作为地租被地主拿走，因而分成合约挫伤了佃农种田的积极性。（3）由于地主收取的地租过高，佃农没有能力进行投资。

改革者提出的第三个理由是，佃农受到地主的剥削。他们断言，除了地租过高之外，分成合约本身就是一种剥削工具。但是，为了支持这种“剥削论”，他们所引用的证据可能与租佃制无效率

① 这些观点可以在以下文献中找到：张研田，《台湾土地改革》，油印稿1号，台中：农业经济系（“Land Reform in Taiwan,” mimeographed report no. 1, Taichung: Department of Agricultural Economics, 1954）；陈诚，《中国土地改革的分析方法》，台北：正中书局（Cheng Chen, *An Approach to China's Land Reform*, Taipei: Cheng Chung Book Company, 1951），第1章；汤惠孙，“《自由中国之土地改革》”，第1章；陈诚，《台湾土地改革纪要》，台北：中华书局（Cheng Chen, *Records of Taiwan Land Reform*, Taipei: Chung Hwa Book Company, 1961），第1、2章；Hsio Cheng，《中国土地改革的理论与实践》，台北：“中国土地经济研究所”（The Theory and Practice of Land Reform in China, Taipei: Chinese Research Institute of Land Economics, 1953）；JCRR，《年度报告》，第1章；西德尼·克莱因（Sidney Klein. *The Pattern of Land Tenure Reform in East Asia after World War II*, New York, Bookman Associates, 1958），第 1、3章；Lin-Fong Pun，“《自由中国之中国土地改革的新观念》”，台北：“中华文化出版协会”（*New Ideas of China Land Reform*, Taipei: Chung Wah Cultural Publishers Association, 1957）；汤惠孙，“《自由中国之土地改革》”，第1、2章；H. S. Tang and S. C. Hsieh（“Land Reform and Agricultural Development in Taiwan,” in *Land Tenure, Industrialization and Social Stability: Experience and Prospects in Asia*, Ed. W. Froehlich, Milwaukee Marquette University Press, 1961），第114—142页；以及Young-Chi Tsui（“Land-Use Improvement: A Key to the Economic Development of Taiwan”, *Journal of Farm Economics*, May, 1962）。这些文献没有一个给出正规的分析。但有趣的是，研究租佃制的学者似乎都持有同样的观点。

的主张自相矛盾。例如，地主常常在合同中规定佃农提供种子和肥料，并要求他们努力工作。①

很难让人认同这些理由就是土地改革的起因。理想与现实之间存在着巨大的鸿沟。②制定和实施新的法规是需要付出巨大代价的。毕竟，这些土地“问题”早在1949年以前的中国大陆就已经为人所知。③但是，为什么台湾土地改革只是在战后才开展起来呢？在中国台湾、日本、韩国、菲律宾和其他一些地方，土地改革的法规有着惊人的相似之处，而且所有改革都是在1946年到1950年展开

① 参见上页脚注①。

② 尽管对原有的产权制度批评无数，但人们并没找到证据可以证明农民想要改变它。据我所知，在中国现代史上，农民起义只发生在以下情况下：（a）产权保护几乎无法实施；（b）捐税奇高；（c）通货膨胀提高了土地的相对价格，造成有利于地主的收入再分配。

③ 例如，参见以下文献：Tang-Yuen Chen，《中国的土地租佃制》，上海：商务印书馆（*Systems of Land Tenure in China*, Shanghai: Commercial Press, 1932），第18章；罗·奈格姆（Ro Nagamu，*A Study of Land System in China*, Chinese translation, Shanghai: Kuo Kwong, 1934）；Han-Sheng，《中国的地主与农民》，上海（*Landlord and Peasant in China*, Shanghai: Kelly and Walsh, 1936）；中山教育系，《关于中国地租问题的系列论文》，上海：商务印书馆（Chung Sen Department of Education, *Papers on Land Rent Problems in China*, Shanghai: Commercial Press, 1937）； Lin-Ho Kim，《中国农村的经济研究》，上海：中华书局（*A Study of the Economics of Chinese Farming Villages*, Shanghai: Chung Wah Book Store, 1937）；理查德·陶尼（Richard H. Tawney, *Land and labor in China*, London: G. Allen and Unwin, 1937）；太平洋关系学会，《农业中国——来自中国学者的研究资料选编》，上海（Institue of Pacific Relations, *Agrarian China, Selected Source Materials from Chinese Authors*, Shanghai: Keily and Walsh, 1938）；Quan-Chung Yu，《中国的土地制度和法规》，四川：国立四川大学（*Land Systems and Regulations in China*, Szechwan: National Szechwan University, 1944），第1、2卷；以及孙中山的著作。

的。这不禁使人联想到，这些改革或许受到美国的影响。[①]但是，这种外来的“影响”最多只能解释为什么亚洲推行的土地改革在战

① 参见西德尼·克莱因（Sidney Klein, Pattern of Land Tenure Reform; Froehlich, Land Tenure; Kenneth H. Parsons, “Land Reform in the Postwar Era”, Land Economics , August, 1957）；欧文·朗（Ervin J. Long, “The Economic Basis of Land Reform In Underdevelopment Countries.” *Land Economics* , May, 1961）；埃利亚斯·图马（Elias H. Tuma, “The Agrarian-Based Development Policy in Land Reform ,” *Land Economics*, August, 1963）；以及多琳·沃伦尼（Doreen Warriner, *Land Reform and Economic Development*, Cairo: National Bank of Egypt, 1955）。财产法的变更是这些土地改革的基础，但这些文献对此都没有提供充分的信息。日本的情况可能是最复杂的，参见多尔（R. P. Dore, *Land Reform in Japan*, London, Oxford University Press, 1959）；小仓（Takekayu Ogura,ed., *Agricultural Development in Modern Japan*, Tokyo: Japan FAO Association, 1963），日本农林省（Ministry of Agriculture and Forestry, *Agricultural Land Reform Legislation*, Tokyo, 1949）；盟军最高司令部（Supreme Commander Allied Powers, Natural Resources Section Report No.79, *Farm Tenancy in Japan*, Tokyo, 1947; and Natural Resources Section Report No.127, *Japanese Land Reform Program*, Tokyo, 1950）。关于韩国的情况，参见米歇尔（C. C. Mitchell, “Land Reform in South Korea”, *Pacific Affairs*, vol.22, No 2, June, 1949）。关于菲律宾的情况，参见布尔（Bull, “Philippine Land Reform”, *Land Economics*, May, 1957）。关于越南的情况，参见吉廷杰（J. P. Gittinger, “Vietnamese Land Transfer Program”, *Land Economics*, May, 1957）。关于伊朗的情况，参见克莱斯杰森（B. H. Kristjanson, “The Agrarian-Based Development of Iran”, *Land Economics*, February, 1960），以及韦伯斯特·约翰逊（V. Webster Johnson, “Agriculture in the Economic Development of Iran, *Land Economics*, November, 1960）。关于伊拉克的情况，参见沃伦·亚当斯（Warren Adams, “Reflections of Recent Land Reform Experience in Iraq,” *Land Economics*, November, 1960），以及拉苏尔和爱德华兹（M. H. Hashimi Rasool and Alfred L. Edwards, “Land Reform in Iraq: Economic and Social Implications,” *Land Economics*, February, 1961）。但是，在关于台湾土地改革的文献中，我没有找到明确指出改革是由美国支持的说法，而在其他地方，美国对土地改革的支持则是很明显的。例如，参见吉廷杰（J. P. Gittinger, “United States Policy toward Agrarian Reform in Underdeveloped Nations,” *Land Economics* , August, 1961）。

后发展得如此之快。至于美国是否发起了这些具体的改革政策，就说不准了。从土地使用权的发展历史来看，我们发现，与“耕者有其田法案”类似的改革早在1800年前的中国就已经多次推行（时间较短），欧洲一些国家在19世纪也曾经实行过。这些改革的起因仍然是个谜，我并不打算在本书去解这个谜。

C. 改革前的《土地法》

在提出正式的佃农理论之前，我们在这里先考察一下1949年以前台湾的土地所有制的性质，改革第一阶段的租管政策正是在这个土地制度的基础上强制推行的。[①]我们将集中分析与私人耕地有关的法律，当时私人耕地共计有672000公顷，其中56%的土地是在租佃制下耕种的。[②]

在中国的法律实践中，“私人所有权”这一术语意味着某种权利在使用的过程中具有排他性。[③]私人耕地的所有权主要是指耕种

① “二战”后直到土地改革之前，台湾实行的《土地法》与中华民国政府在1930年6月30日颁布的《土地法》是相同的，后者于1936年3月1日实施，并在1946年4月29日经过修订。然而，在1930年以前，中国关于私人耕地的土地法很久以来基本没变。1930年和1946年对土地法的修订主要是增加了歧视外国人的条款，以及为了维护未来国家利益而设的保护性条款。因此，在国民政府时期，财产制度方面并没有根本性的改变。文中所引述的条款均来自陈诚的《台湾土地改革》，第133—190页。这些条款的中文版参见台湾土地局，《土地管理条例》，1947。

② JCRR，《年度报告》，第8页。

③ 我们可以把权利看作对资源进行决策的有限权利，这种决策权通常可以带来正的现值。

的权利，是指“施以劳力资本为土地之利用”（第 80 条）。[①]因此，耕种的权利就是生产农作物以获取收入的权利。[②]权利在空间上的限度或范围在《中华民国民法典》（以下简称《民法典》）的第 832 条和第 851 条中有详细的规定，包括地上权（superficies）。依据同样的条款，权利持有在时间上的限度或长度则是永久性的。

要理解土地租赁制中的资源配置，与产权转让有关的条款至关重要。当我们开始研究这些条款时，会遇到一系列有点复杂的法律条款，但可以简化如下：

断权转让

根据改革前的《土地法》，土地所有权是不可自由转让的；换言之，所有者不可以将其土地的所有权转让给任何他选定的对象。但在实际中，土地所有权的转让几乎是不受限制的。法律规定：“私有农地所有权之转移，其承受人以承受后能自耕者为限（第 30 条）。”[③]然而，由于承受人能够耕种未必需要亲自耕种，这些规定实际上对断权转让（Outright Transfers）几乎没有或者完全没有限制。另一个值得注意的法律规定是，佃农在租佃制中拥有土地的优先购买权。不过，规定要求佃农按照“不低于其他任何人提出的报

① 为免含混，我们可以简单地把“劳力”和“资本”看作要素投入的有形实体。

② 土地的一些其他用途或权利是被禁止的。比如，“附着于土地之矿，不因土地所有权之取得而成为私有”（第15条）。也可参见第12和13条。

③ 转让给外国人是被禁止的（第17—24条）。

价条件”向地主支付地价。[①]从效果上来看，这使得佃农的优先购买权变得没有意义，因为佃农只有在出价高于其他任何人的情况下才能行使这个权利。实际上，地主（即出租人）如果想把土地只卖给佃农以外的人，他可以人为地虚报一个高价。总之，关于断权转让的法律限制是可以忽略不计的。

抵押和永久性出租

除了土地所有权，中国《民法典》中规定的土地权利还包括抵押、永佃和典当——本质上都是指转让的权利而非耕种的权利。后两个术语需要做些解释。

> 称永佃权者，谓支付佃租永久在他人土地上为耕作或牧畜之权（《民法典》，第842条）；永佃权人得将其权利让与他人（《民法典》，第843条），永佃权人不得将土地出租于他人（《民法典》，第845条）。

简而言之，永佃是指一种有条件的永久性租借，“如果永佃权人，积欠地租达两年之总额，土地所有人可以……撤佃”（《民法典》，第846条）。

> 称典权者，谓支付典价，占有他人之不动产，而为使用及收益之权（《民法典》，第911条）。典权人须将典权让与他

① 参见《土地法》第33和107条。

人（《民法典》，第 917 条），或典权存续中，典权人得将典物转典或出租于他人（《民法典》，第 915 条）。典权定有期限者，于期限届满后，出典人得以原价赎回典物。出典人于典期届满后，经过二年，不以原典价回赎者，典权人即取得典物所有权（《民法典》，第 923 条）。

因此，典当是一种关于权利转让的安排，类似于抵押和租借。

一般性出租

在永佃和典当中，我们可以将所有权转让看作土地出租的一个特例。下面讨论一般情况。农地出租指的是“以自己耕作为目的，约定支付地租，使用他人之农地者，为耕地租用”（第 106 条）。在改革前的《土地法》中，下面一些条款值得注意：

第108条　承租人纵经出租人承诺，仍不得将耕地全部或部分转租于他人。

第109条　依定有期限之契约租用耕地者，于契约届满时，除出租人收回自耕外，如承租人继续耕作，视为不定期限继续契约。

第114条　当出租人收回自耕时，依不定期限租用耕地之契约可以终止。

第117条　收回自耕之耕地再出租时，原承租人有优先承租之权。

以上条款可以归纳为三个要点。第一，转租是被禁止的（第108条）。但这并不能阻止其他类似于联合租佃那样隐蔽的转租形式。第二，出租人可以以自耕的理由要求终止租佃合约（第109、114条）。这实际上使得土地租借的期限（而非合约期限）不具有约束力，因为"出租人收回自耕"这个说法太过模糊，以至于可以理解为允许雇用帮手来耕种其土地。也正是这一规定，常常被认为是租佃制没有安全感的主要原因，使得人们有理由谴责《土地法》是过时的。第三，尽管原承租人拥有承租的优先权，但对于出租人在续订合约时修改原条款的权利并没有施加任何限制。在改革前的《土地法》第110条中可以找到租金管制的条款，其中规定"地租不得超过地价的8%"。然而，据法律制定者称，"以格于事实，未能施行"。[①]这自然让人产生这样一种看法：佃农完全得不到保护，被地主剥削了。

投资权的转让与界定

在中国《民法典》中，地主在土地上的投资以及附着于土地上的其他资产是受到保护的。

> 第432条　承租人应以善良的管理人之注意，保管租赁物。租赁物有生产力者，并应保持其生产力。

① 陈诚，《台湾土地改革纪要》（Cheng Chen, *Records of Taiwan Land Reform*, Taipei: Chung Hwa Book Company, 1961），第17—18页。

承租人违反前项义务，致租赁物毁损、灭失者，负损害赔偿责任。但依约定之方法或依物之性质而定之方法为使用、收益，致有变更或毁损者，不在此限。

第462条　耕作地之租赁，附有农具、牲畜和其他附属者，当事人应于订约时，评定其价值，并缮具清单，由双方签名，各执一份……如因不可归责于承租人之事由而灭失者，由出租人负补充之责任。

第445条　不动产之出租人，就租赁契约所生之债权，对于承租人之物置于该不动产者，有留置权。但禁止扣押之物，不在此限。

这最后一个条款要受到《土地法》第118条的约束。

第118条　出租人对于承租人耕作上必需的农具牲畜肥料及农产物，不得行使民法第445条规定之留置权。

承租人在土地上的投资受以下两项条款的保护。

第119条　于保持耕地原有性质及效能外以增加劳力资本之结果致增加耕地生产力或耕作便利者，为耕地特别改良。

前项特别改良承租人得自由为之，但特别改良费之数额应即通知出租人。

第120条　因契约终止返还耕地时，承租人得向出租人要求偿还其所支出前条第二项耕地特别改良费，但以其未失效能部分之价值为限。

以上条款清楚地界定了土地之外的生产性资源的所有权。需要注意的是，根据以上第120条，承租人因“特别改良”所带来的资本收益并没有明确地界定给承租人。当然，通过调整租借合约的租金条款，他也可能会得到补偿。

我们现在可以简要地概括一下台湾土地改革之前私人耕地所有权的特点。尽管法律禁止有可能附着于土地的矿产权为私有，但土地的耕种权是排他的。出租人或承租人均可以对土地进行投资，而且无论在哪一种情况下，资源的所有权都是得到清楚界定的。土地的产权转让包括断权转让、永佃、典当、抵押和出租等形式。法律并不限制土地租赁中的任何一方进行耕种投入后得到补偿性支付。因此，我们可以认定受台湾土地改革第一阶段影响的农业资源处于私有产权制度之下。[①]

① 参见罗纳德·科斯（Ronald H. Coase, “The Problem of Social Cost,” *The Journal of Law and Economics*, Oct. 1960），以及阿门·阿尔钦（Armen A. Alchian, “Some Economics of Property Rights,” mimeographed, Santa Monica, The Rand Corporation, 1963）。

第二章　佃农理论

本章将推导出一个关于分成合约的资源配置理论。分析的前提是：在自由市场（即没有租金管制）里，人们在私有产权制度的局限条件下争取财富最大化。每个签约方拥有资源的权利是排他的，而且可以转让，因此可以自由地接受或拒绝分成合约中的协议条款。除非特别指出，我们假定签约费用为零。[①]

A. 解的阐释

在图 1 中，垂直的供给曲线的横坐标 S 代表一个地主所拥有的土地总面积。设 h 为佃农租种的土地面积，q 是产出。保持一个佃农（或一个佃户）的耕作投入不变，土地的边际产出 $\partial q/\partial h$ 随着 h 的增加而下降。假设地主按照年产出的 60% 收取地租，即 $r=0.6$，

---

① 只要多于一人对同一财产资源存在需求，就意味着竞争的存在，而且竞争者不仅包括那些资源的实际使用者，也包括潜在的所有者（使用者）。这里用签约费用为零的假设取代了有时含糊不清的"完全"竞争假设。一般意义上的"签约费用"包括合约的谈判费用和执行（实施）费用。我将在第四章讨论这个问题，以及与交易费用有关的其他问题。

那么边际合约地租曲线——$(\partial q/\partial h)$r——等于$\partial q/\partial h$的60%。$\partial q/\partial h$与$(\partial q/\partial h)r$之间的垂直距离代表佃农的边际收入，即$(\partial q/\partial h)(1-r)$，其定义为：佃农租种的土地面积变化一单位所造成的佃农收入的变化。位于$\partial q/\partial h$和$(\partial q/\partial h)$r之间的阴影区域代表着佃农获得的总收入。如果佃农的收入不低于他在其他地方所能赚取的收入，他将继续从事农业耕作，并尽可能租种更多的土地，前提是土地的边际生产力大于零，且土地之外的所有耕作投入保持不变。为了争取财富最大化，地主会提高地租分成率——即上移$(\partial q/\partial h)r$曲线——直至承租人的耕作收入恰好等于他从事其他生产活动所能赚到的收入。

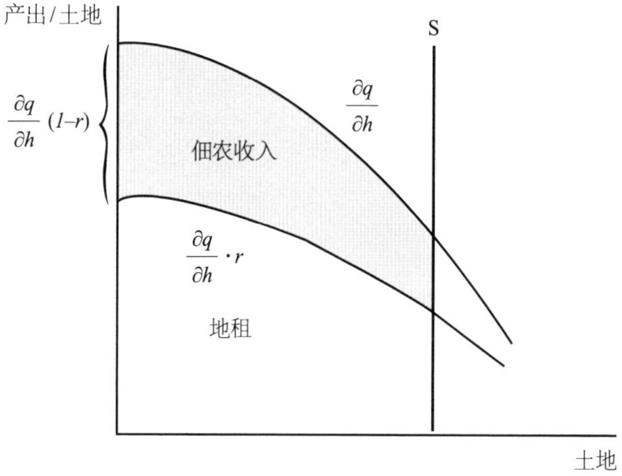

图1　单个佃农的分成租佃

不过，地租的分成率并非是地主实现财富最大化所能调整的唯一变量。如果地主把土地分块出租给多个佃农能够带来更多的地租，那么他就不会让一个佃农来租种他所有的土地。图2说明的就是这种情形。在这张图中，垂直线T_1、T_2、T_3……是将土地分块出租给第一、第二和第三个佃农时的分割线。随着租种土地的佃农数量增加，与一个佃农租种的情况相比，土地的边际产出曲线会向上方移动。暂且假定地租分成率对所有佃农都一样。曲线$(\partial q/\partial h)_1$、$(\partial q/\partial h)_2$……分别代表每个佃农的土地边际产出，而$(\partial q/\partial h)_1 r$、$(\partial q/\partial h)_2 r$……是每个佃农各自的边际合约地租曲线。[①]每个佃农的收入由各自的$(\partial q/\partial h)$与$(\partial q/\partial h)r$曲线所围成的面积来表示。为了实现财富最大化，地主会争取佃农的土地边际产出的积分与佃农的边际收入的积分之差达到最大，由图2中的阴影部分表示。也就是说，地主会争取边际合约地租的积分达到最大。这同时也意味着，每个佃农的收入不会高于他在其他地方所能赚到的收入。

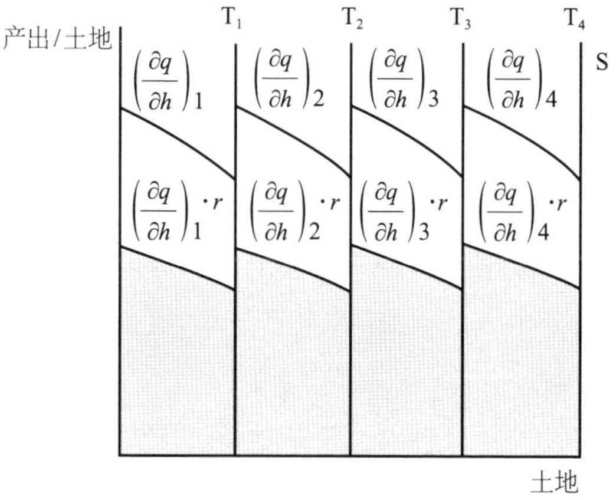

图2　多个佃农的分成租佃

① 这组曲线未必相同，取决于生产函数。对此，我们稍后再来讨论。

然而，当分配给每个佃农的土地面积逐渐变小，地主收取的地租分成率也必须下降到足够低的水平，佃农才能赚到他在其他地方也能赚到的收入，而这就需要降低边际合约地租——$(\partial q/\partial h)r$——以防止佃农弃租。$(\partial q/\partial h)r$的下降使得每个佃农支付的租金减少，如果每个佃农租种的土地面积继续变小，地租分成率最终将变得如此之低，以至于土地的总地租会下降。因而，这个解可以明确地阐释为：给定地主的土地面积和佃农的投入成本，地主争取财富最大化需要同时决定每个佃农租种的土地面积以及地租分成率。换言之，若土地和佃农的投入资源皆为私产，由地主和佃农共同达成的合约条款要包含符合均衡条件的地租分成率，以及土地投入与非土地投入之比。

B. 代数解

为了表述上的简化，假设有两种同质的生产要素h和t，其中h表示每个佃户租种的土地面积，而t表示每个佃户的劳力投入。进一步假设每个佃户的生产函数相同。由这些假设可以推出，每个佃户的签约土地面积h以及地租分成率r在均衡中是一样的。

设每个佃户的生产函数为：

$$q=q(h,t)$$

每个佃户的土地面积h等于地主所拥有的土地总面积H除以佃

户的数量m，即：

$$h=\frac{H}{m}$$

于是，地主的总地租R等于佃户的数量乘以每个佃户的地租，即：

$$R=m\cdot r\cdot q(h,t)$$

在竞争的约束下：

$$Wt=(1-r)q(h,t)$$

其中，W是佃户劳力t的市场工资率。

地主的问题在于：在竞争的约束下，如何通过选择m、r和t来实现R的最大化[①]，即：

$$\frac{max}{(m,r,t)}\ R=m\cdot r\cdot q(h,t)$$

$$st:\ Wt=(1-r)q(h,t)$$

用拉格朗日方程表示，这个问题也就是求以下值的最大化：

$$L=m\cdot r\cdot q(h,t)-\lambda[Wt-(1-r)q(h,t)]$$

必要条件是：

---

① 注意，t和m是不需要分开来处理的。给定t调整m的结果等同于给定m调整t。这里之所以分开处理，主要是为了便于推导出实现均衡的所有条件。

$$\frac{\partial L}{\partial m} = r\cdot q(h,t)+m\cdot r\cdot\frac{\partial q}{\partial h}\ \frac{dh}{dm}\ +\lambda(1-r)\frac{\partial q}{\partial h}\ \frac{dh}{dm}\ =0 \qquad (1)$$

$$\frac{\partial L}{\partial r} = m\cdot q(h,t) -\lambda q(h,t)=0 \qquad (2)$$

$$\frac{\partial L}{\partial t} = m\cdot r\frac{\partial q}{\partial t}\ -\lambda W+\lambda(1-r)\frac{\partial q}{\partial t}\ =0 \qquad (3)$$

$$\frac{\partial L}{\partial \lambda} = -[\ Wt-(1-r\ )q(h,t)]=0 \qquad (4)$$

由上述等式(2)，我们有：

$$\lambda=m$$

同时要指出：$\frac{dh}{dm} = \frac{d(H/m)}{dm} = \frac{-H}{m^2}$由此等式（1）变为：

$$r\cdot q+m\cdot r\frac{\partial q}{\partial h}\left(\frac{-H}{m^2}\right)+m(1-r)\frac{\partial q}{\partial h}\left(\frac{-H}{m^2}\right)=0$$

即：$r\cdot q-\frac{h\partial q}{\partial h}=0$ ；或者，$\frac{rq}{h} = \frac{\partial q}{\partial h}$

这意味着，均衡时每亩土地的地租等于土地的边际产出，该条件与固定租金合约的均衡条件一样。

由等式（3），我们有：

$$\frac{\partial q}{\partial t}=W$$

即佃户的边际产出等于工资率，该条件与工资合约的均衡条件相同。

最后，由（1）和（4）等式解出r，

$$r=\frac{\partial q/\partial h}{q/h}=\frac{q-Wt}{q}$$

即均衡时，地租分成率必须同时满足上述这两个条件。换言之，均衡时，产出的土地弹性$\frac{\partial q/q}{\partial h/h}$等于扣除佃农耕作成本之后的净产出（地租）占总产出的比重$\frac{q-Wt}{q}$。

C. 几何解和进一步的说明

上一节推导出来的结论也可以通过几何方法来证明。图 3 中的坐标与图 2 一样。但在图 3 中，我们集中分析一个佃户的情形，这意味着地主拥有的土地可能没有全部得到利用。曲线q/h代表地主只雇用一个佃户时的土地平均产出；或者说，它是在保持其他（该佃户家庭的）耕种投入不变的情况下，根据土地面积计算出的平均产出。曲线f/h，即佃户固定的耕种总成本除以土地面积，反映的是耕种投入（不包含土地投入）的成本，这些投入预期将带来q/h的产出。暂且假设所有的非土地耕种投入均由佃户承担；f/h曲线是指不含土地的总成本除以佃户各自的土地面积。这个总成本包括相应的耕作周期里所需的劳动、种子、化肥以及耕种设备等有关成本，[①]即$f/h=(p_t\cdot t+p_z\cdot z+\ldots)/h$。其中$f$是指不含土地的固定总成本，而

① 这里重要的区别在于土地投入和不含土地的非土地投入。劳力与耕种设备之间的替代在我们的理论中并不重要，可以忽略不计。

p_t，p_z，...是指佃户劳力t的要素价格、化肥z的要素价格……由于我们假设耕种投入不变，曲线f/h就是一条直角双曲线。q/h和f/h之间的垂直距离$(q-f)/h$是已经考虑了佃户机会成本的每单位土地的租金。①

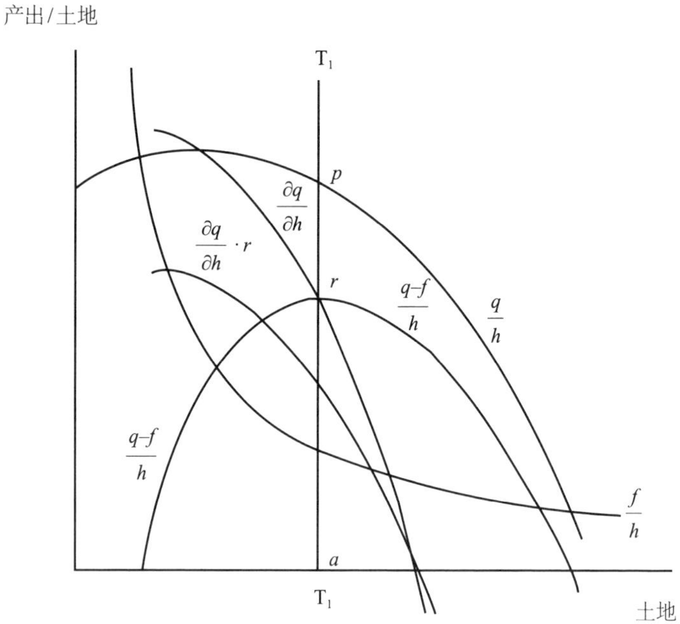

图 3　分成率和土地面积的决定：一个佃户的分成租佃

合约会对f/h（佃户的投入总量）做出规定。这很关键，因为如果合约只是规定地租分成率，佃户会倾向于减少投入。无论地租分

① 为了表述上的简化，所有数值均以实物单位来量度。但需要注意的是，年产出q可能包含多种农作物；给定相对的市场价格，它们各自的数值可以用一种农作物（如稻子）来表示。佃户的投入和土地方面的支出同样也可以用稻子来表示。

成率是多少，每单位产出中分给佃户的只有一部分。如果耕作的投入完全由佃户做主，对他有利的做法是将投入量控制在其边际成本小于边际产出的水平。这样就会产生与均衡不一致的情况。下一章将对此做详细的讨论。

经济理论的含义是：在当事人共同商定的合约中，规定的佃户的投入总量要能够带来最大的 $(q-f)/h$（每单位土地的租金）。由于图 3 中的耕种边际成本始终等于零，$(q-f)/h$ 的最大值可以按如下方式来推导。若合同规定的佃户投入量增加，f/h 曲线就会向上移动，q/h 曲线也会相应向上移动。前者代表非土地投入的边际成本以固定速度增长（即在完全竞争条件下要素的边际成本不变）；后者代表的是佃农增加非土地投入时，其边际产出以递减的速度增长（即佃农投入的边际产出是递减的）。[①] 当 f/h 曲线和 q/h 曲线向上移动的幅度在边际上相等（即佃户投入的边际产出等于边际成本）时，便可得到一条与特定的 f/h 曲线相对应的位置最高的 $(q-f)/h$ 曲线。f/h 代表相应的非土地成本，是与生产均衡相一致的佃户投入。

为了实现财富最大化，所种植或轮作的农作物以及选取的生产方式按照定义都是能够为地主带来最大土地现值的，即实现了

① 为了避免语义上的一些歧义，我们这里假设增加的只有一种佃户投入。如果像通常的情况那样，几种投入同时增加的话，要考虑的就是 q/h 曲线以递减的速度上移时这些曲线如何相应地“移动”。无论在哪种情况下，理论的结果都一样。

地租年金（rental annuity）最大化。[1]因此从决策的角度来说，$(q-f)/h$曲线上的相应数值——即平均地租——就是从可供选择的q/h和f/h曲线群中找出数值最高的那一组。更准确的表述是，$(q-f)/h$的最大值决定了土地这种生产要素的每亩成本。[2]

土地的边际产出曲线$\partial q/\partial h$，即图2中的$(\partial q/\partial h)_1$，从$q/h$和$(q-f)/h$的最高点穿过。均衡时，分配给佃户的土地面积$T_1$是$(q-f)/h$达到最大值时的土地面积。实现了每单位土地的地租最大化，地主也就实现了全部土地的地租年金最大化。当均衡时佃户的土地面积(T_1)确定之后，均衡的地租分成率就等于$(q-f)/h$除以（在T_1时的）q/h。即地租分成率r等于图3中标出的ar/ap。给定均衡的地租分成率（如70%），我们可以根据这个比率在$\partial q/\partial h$曲线的每一点处画出相应的边际合约地租曲线$(\partial q/\partial h)r$。

由于佃户是根据合约按照总产出的一个百分率支付地租的——如$(\partial q/\partial h)r$所示，土地成本便不再是约束佃户使用多少土地的局限条件。为了实现收入最大化，佃户会增加耕种面积直到

---

① 给定合适的贴现率ρ以及土地的未来收入流$Y_1, Y_2 \cdots Y_N$，Y_i不一定等于Y_j。存在一个$\bar{Y}$，即地租年金，使得

$$v_0 = \bar{Y}\left[\frac{(1+\rho)^n - 1}{\rho(1+\rho)^n}\right] = \frac{Y_1}{1+\rho} + \frac{Y_2}{(1+\rho)^2} + \ldots + \frac{Y_n}{(1+\rho)^n}$$

如果土地的私人所有权是永久的，则有$V_0 = \frac{\bar{Y}}{p}$，此处V_0等于土地的现值。

② 地租是生产成本这一认识或许最早来自约翰·密尔（J. S. Mill）。这里我要指出的是，真正重要的是单位土地的最高租金，因为地租正是来源于此。

$\partial q/\partial h$等于零的水平（同时根据合约，维持规定的耕作投入不变）。另一方面，地主将分配给佃户的土地面积限制为T_1，同时以类似的合约安排将其余土地分配给其他佃户。[①]地主很难将土地面积限制在小于T_1的水平，因为分成率为r时，佃户在其他地方赚取的收入更高，他会选择弃租。

对其他几个问题再做些讨论。首先，并非所有佃户都具有同等的生产力。一些佃户由于具备某些“特殊”的要素禀赋（比如掌握更多的知识），他们的生产力可能更强。在竞争均衡中，生产力更强的佃户属于边际内佃户（intramarginal tenants），由此得到的f/h曲线包含了佃户的归属租值（imputed rent）。即便不存在任何成本，地主也很难成功地对生产效率不同的佃户实施歧视政策，因为雇用边际佃户（生产力最弱的佃户）的地主会把那些生产力较强的佃户从采取歧视政策的地主那里争取过来。

其次，即便土地是同质的，每个佃户所耕种的土地面积也未必相同。土地同质的定义是实物形态一样，且每单位的地租值也一样，即不同的租佃农地中的$(q-f)/h$曲线的最高点相同，不同佃户租

① 有待证明的是，属于同一地主的最后一块土地是如何分配的，因为这块土地可能对于一个佃户家庭来说太小了。一个答案是一个佃户可能同时从两个或两个以上的地主那里租地，而且租的都是最后那一小块地。类似的，佃户可能自己拥有一小块土地，同时从地主那里租种那最后的一小块地。这种情况可以从半自耕农的存在得到证明。因此，如果分配给佃户的最后一块土地面积小于均衡水平，佃户将会在其他地方（可能是在农耕领域之外）使用他的剩余资源。

种的土地面积也会因各自生产函数的不同而有所不同。[①]这同时意味着，不同佃户的地租分成率可能也是不同的。换言之，在争取土地年租金最大化的过程中，如果佃户的生产函数要求有着不同的投入强度，地主会针对不同的佃户分配不同的土地面积，并制定不同的地租分成率。均衡时，给定同质的土地，对每个佃户来说土地的边际生产力都是相等的，因为土地正是在$(q-f)/h$曲线的最高点那里被分割的。

再次，耕作成本（不含土地的成本）是可以由佃户和地主共同分担的。在这种情况下，f/h曲线代表的是联合成本。给定图3中的q/h和f/h，减去地主投入成本的f/h曲线将会比较低，而$(q-f)^*/h$曲线则会比较高。较高的$(q-f)^*/h$曲线（图中没有画出）量度的不仅是土地成本（地租），还包括地主承担的非土地成本。[②]地主收取的地租分成率因而会更高，$(\partial q/\partial h)r$在每一点处按同样的比例向上移动。重要的是以下含义：无论地主要求佃户更多地投资于土地并收取一个较低的地租分成率，还是自己投资于土地并向佃户收取一个

① 这里使用的术语“土地同质”预设了土地具有同样的市场位置，由此带来一个明确的均衡条件：给定不同农地的$(q-f)/h$的最大值相同，佃户投入与土地之比相同，地租分成率就会是一样的。不同的农作物具有不同的生产函数，所需要的佃户投入强度也不同。另一方面，给定生产函数，每个佃户的地租分成率和土地耕种面积取决于：（1）土地的肥沃程度；（2）佃户投入的成本。

② 要注意的是，这条更高的$(q-f)^*/h$曲线的顶点将会位于T_1的左边。这与土地的分割面积无关，因为它会导致每亩土地的地租较低。分割线仍然在T_1处，此时的$(q-f)/h$（即土地的净收益）达到最大值。但是，此时的地租分成率将是位于T_1的$(q-f)^*/h$除以q/h。

较高的地租分成率，这些都不重要；重要的是，只要投资能带来更高的年地租，投资就会增加。[①]由此还可以得出，无论采取什么样的合约形式，土地的承租人都不必拥有所需的要素投入。如果所拥有的要素投入不够多，他可以与地主合作、或转租土地、或雇佣人手、或借贷、或与其他家庭合租来增加耕作的投入。此外，不同等级的土地和生产函数要求不同的要素投入，因而需要与不同要素禀赋的承租人相匹配。

现在让我们回顾一下解的条件。佃户投入的边际成本等于边际产出时，每亩地租$(q-h)/h$达到最大值。如图3所示，给定$(q-f)/h$的最高值，每个佃农租种的土地面积（T_1）也就被决定了，且相应的地租分成率（r）等于ar/ap。在分界线T_1处，每亩地租（即ar、$(q-f)/h$或rq/h）等于土地的边际产出——$\partial q/\partial h$。同样在T_1，我们可以得到地租分成率的唯一条件：

$$r=\frac{\partial q/\partial h}{q/h}=\frac{(q-f)/\mathrm{h}}{q}=\frac{q-f}{q}$$

这与代数解是一致的，因而有：

$$r=\frac{\partial q/\partial h}{q/h}=\frac{q-Wt}{q}$$

① 分成租佃中的大多数租约是非永久性的，这一事实常常被拿来批评分成租佃带来不安全感，导致资源的错配。但是，这并不会比农业雇工因表现不佳而遭到解雇的情况更不安全。事实上，短期合约是确保资源有效配置的可靠办法。认为非永久性租约容易造成投资的激励不足，也是不对的。我们发现，租约期限是与不同类型的合约以及合约双方持有资产的情况有关，而且土地租赁解约的频率也是很低的。第四章的C节将会对此做更充分的讨论。

在代数推导的过程中，由于我们假设仅有一个佃户，所以 $f=Wt$。

D. 与固定地租的比较和分成合约的市场标准

无论在理论上还是在实证上，与分成租佃相关的一系列问题都值得进一步探讨，我将在本书接下来的部分对此进行详细分析。不过，本节力求回答两个问题。

让我们先从以下问题开始：固定地租合约和分成地租合约的区别是什么？在资源为私人所有的条件下，固定地租和分成租佃的根本区别在于，劳动与土地之比（即非土地投入和土地投入之比）是如何确定的。在固定地租中，土地承租人（或农户）根据给定的单位地租水平提出他要租种多少土地，他独自决定——正如分成租约一样受到竞争的局限条件的约束——在每个生产周期投入多少非土地要素。但在分成合约中，地主和佃农共同决定非土地要素相对于土地要素的投入强度。无论是哪种情况，都是财富最大化决定了每个承租人租种的土地面积以及所使用的非土地投入量。对于这两种类型的合约，决策所面临的局限条件是一样的，这意味着资源使用的情况也会一样。

为了说明这一点，暂且回到图 3。在固定租约中，地主可以收取一个等于 $(q-f)/h$ 最大值的每亩地租（即 ar），而让农户租种的土地面积仍然为 T_1，此时每亩地租等于土地的边际产出。给定图中的 q/h 和 f/h，如果租种的土地面积大于 T_1，每亩地租会大于土地的边际产出。给定图中的q/h和f/h，如果租种的土地面积大于T_1，每英亩土地的地租价格将会大于土地的边际产出。反之，当租种的土地面积小于T_1，农户的总耕作收入会小于他在其他地方所能赚到的收入。因而在固定地租中，每个农户租种的土地面积以及地主收取的地租年金，与分成租佃的情况完全一样。[①]此外，如果在同等级的土地上耕种同样的农作物，且生产函数相同，固定租约中的农户为了在竞争中求生存将不得不承担与分成合约相同的f/h。也跟分成合约时的情况一样，如果某个农户不具备所需的要素投入量，他会通过各种办法获得这些要素，或者租种一块需要较少投入的土地。

让我们再来研究这个问题：在分成合约中，签约各方将使用何种标准来确定均衡时每个佃户租种的土地面积以及地租分成率？显然，在给定的土地面积上，人们不仅要选择种植什么类型的农作物会最有效率，还要考虑佃户所需的投入——这些都是事前决策，带有一定的不确定性。当然，任何一个签约方都有可能因为预期出错而做出错误的决策。这会导致佃户租种的土地面积或地租分成率偏离财富最大化的要求。但同样显而易见的是，市场上存在着签约各方都会遵守的一些简单原则。给定某个等级的土地，佃户所需的投入、地租率以及租用的土地面积会根据土地和其他生产要素的市场价格确定下来。

实际上，只要私人有所有权，且允许土地自由转让，地主不必亲自了解土地耕作的各种细节问题。为资源所有权而展开的竞争，

---

① 关于这一点的另一种表述，参见本书第三章C节。

将会带来有效率的合约安排。如果佃农种植价值不高的农作物、地租分成率太低、耕作的土地面积太大或要求佃户的投入太少，地主得到的地租年金就会低于市场利率水平。在这种情况下，地主会进行适当的调整，要么将土地出租给不同的佃农，要么选择不同的合约安排，或者干脆直接将土地断权出售。另一方面，如果合约条款的某些规定使得土地承租人赚不到他在其他地方所能赚到的收入，他或者被其他地主挖走，或者改为选择固定工资合约。

正如地主之间会竞争那样，佃户之间也会竞争，从而确保了他们会按合约的规定来进行投入。其实地主只需核查产出就能知道佃农是否履行了合约中的条款，并决定是否续订分成合约。不过在实际中，地主会雇用代理人去频频监督交易过程，这些代理人具有专门知识，能大致估算出实际产出。尽管许多改革家和小说家声称佃农由于没有决策权而受到剥削，但有必要清醒地指出：至少在中国，分成合约的过程是相当和谐的。

> 谷物一收割完毕，佃农就邀请地主到家里做客。吃完饭，便分配谷物，佃农把属于地主的那一份送到地主家。交割完成后，地主又回请佃农一次。地主若想解除与佃农之间的现有关系，在这时就可以了结。如果佃农想放弃承租，他也可以在地主到他家赴宴之前离家，以向地主表明他的意向。[1]

① 卜凯（John Lossing Buck, *Chinese Farm Economy*, Chicago: University of Chicago Press, 1930），第148—149页。

到目前为止，我们的分析主要还是限于签约费用为零的情况。在第四章，我们将放宽这个假设，讨论交易费用的问题以及租约规定的特征。但在此之前，让我们先追溯佃农理论的发展，并对其含义进行验证。

第三章　分成租佃的传统观点和对不同假说的检验

如果不是因为传统上长期形成的一些虚幻认识，以前的学者或许早就能发现前一章所得出的理论结果。特别是，分成地租长期以来被看作类似于产品税。由于分成租佃制下每单位产出都有一部分作为地租被拿走，人们就觉得它类似于从价产品税，即每单位产出都有一部分被地主（政府）通过“征税”拿走了。人们认为这种产出分配与固定地租或自耕农的情况不同，在后两种情形中耕种者获得了全部的新增产出。由于佃农在土地上耕作或投资的激励下降，据说分成租佃制会导致农业生产的投入强度较低（及效率低下）。[①]

将税收分析应用于分成租佃制的方法（以下称为“税收等价法”）是错误的，要说明这点并不困难。由这种方法推导出来的假说存在多方面的问题。在税收等价法中，学者们通常没有认识到，分成租佃制中的地租分成率和租种的土地面积并非是神秘的“固定不变的”，而是完全由市场竞争决定的。此外，这些学者并没有明确地指出，他们的假说是根据什么性质的土地所有制来构建的。让

① 有趣的是，东方学者一般也持同样的观点。参见第一章引用的资料。

我来做些说明。

首先，一些古典经济学家尽管提到了分割土地的问题，但他们并没有在一般均衡的框架下讨论这个问题（参见本章的A节）。自马歇尔以来，对于地主将其所拥有的土地分块出租给多个佃户的可能性（参见本章的B节），一直不受重视。尽管这在分析从价税的时候无所谓，但在讨论分成租佃制的时候，土地成本以及分割土地的问题就因此而被忽略了。其次，地租分成率通常被认为是外生给定的。但在分成租佃制中，分成率是一个可斟酌调整的变量。再次，在征税过程中，政府的行为并不以财富最大化为目标。换言之，税收等价法不能对分成合约中的条款做出明确的处理，而这些条款正是签约各方在达成合约时必须共同遵守的。

如果不先明确产权的性质，我们就无法分析人们使用资源的方式。的确，一旦合约确定了租种的土地面积和地租分成率，与耕种自己土地的情况相比，佃农倾向于减少劳动投入或投资水平。但是，在土地私有的情况下，地主追求财富最大化的动力并不会减少。我们要重申上一章得出的结论：无论地主在合约中规定佃户在土地上投入更多、地租分成率更低，还是地主决定自己承担土地上的投入、收取更高的地租分成率，情况并不会有所不同；只要能够带来更高的地租年金，土地上的投入就会增加。

不过，如果说早期所有关于分成租佃的分析都受到了税收等价法的影响，一律得出资源使用无效率的结论，则会令人产生误解。有些学者的确如此，但还有一些学者对税收等价法表示了怀疑，甚至有些学者干脆摒弃了这种方法。事实上，通过回顾有关这方面的文献，我们发现它们的错误往往非常有趣，有时洞察力还是非常深刻的。[①]

A. 古典观点

斯密在写到法国佃农（metayers）的时候提到，佃农制度“在英格兰早已废止，所以，在英文中，我现在不知道他们叫作什么”，并认为佃农的前身是“古代奴隶耕作者”。[②]至于分成租佃制度（metayage system）的生产性质，斯密写道：

> 不过，在分佃制下，土地仍不能得到大的改良。地主可不费分文，而享受土地生产物的一半，留给佃农享有的自属不多。在这不多的部分中，所能节省的更是有限。佃农绝不愿用这有限的节余来改良土地。教会什一税，不过抽去生产物十分之一，已是土地改良极大的障碍。抽去生产物的半数，一定会切实阻止土地的改良。[③]

① 本书初稿写完之时，我并不知道分成租佃制已经被频繁地研究过。之后的文献回顾让我深信，在这个问题上，追述经济思想史的发展是很有价值的工作。下面关于古典观点的内容是对盖尔·约翰逊所做总结的扩展。参见他的论文（D. Gale Johnson, “Resource Allocation under Share Contracts,” *Journal of Political Economy*, April, 1950），第112—114页。

② 亚当·斯密，（Adam Smith, 1776, *Wealth of Nations*, New York: Modern Library Edition, 1937），第366页。

③ 同上，第367页。

斯密把分成租佃制比作从价税，尽管可能让后来的学者误入歧途，但他讨论佃农的背景还是非常重要的。斯密并非只关注分成租佃制本身，而是用了整整一章的内容从经济解释的角度回顾了土地使用权安排的发展过程。①

根据斯密的观点，在佃农之前，“奴隶”耕种者的生产力更差，因为“一个不能获得一点财产的人，食必求其最多，作必望其最少，除此之外，什么也不关心”。②因此，为了让土地更具生产力，佃农取代了“奴隶”。由于他认为佃农制度依然是有缺陷的，他断言“农民——用自己的资本耕作土地但要向地主缴纳固定数额的地租”——替代佃农是一个“非常缓慢的过程”。③尽管斯密偏爱固定地租合约（农民）胜于分成租佃（佃农），但他还是关心农民因租约到期而带来的“不安全感”：“就连这种农民的耕作权，长期以来也是极不可靠的。今日欧洲有许多地方的情况还是如此”。④他建议采取“保障最长租期使不为各种承继人所妨害的法律”，但据他所知，这样一种法律“乃英国所特有”。⑤因此，在斯密看来，英国的

① 亚当·斯密，（Adam Smith, 1776, *Wealth of Nations*, New York: Modern Library Edition, 1937），第3卷，第2章。

② 同上，第365页。

③ 同上，第368页。约翰逊指出：“斯密不仅反对分成地租，而且建议通过税收引导地主采用其他土地租赁安排。”参见约翰逊（Gale, Johnson, “Resource Allocation.”），第112页；以及斯密（Smith, *Wealth of Nations*），第779—788页，特别是第783页。

④ 斯密（Smith, *Wealth of Nations*），第368页。

⑤ 同上，第369页。

土地租约安排——固定地租的永久承租权以及终身租约——比欧洲其他地方的制度更为先进。[①]

尽管经济效率的含义直到很晚才被阐释清楚，但斯密从资源使用更有利的角度对土地使用权制度发展所做的分析，无疑是非常重要的思想；但是，他采用的分析方法不够深入，以至于无法得出有价值的结论。当财产法界定了一组具体的约束竞争的局限条件，所可能产生的多种合约安排在资源使用上具有相同的效果（为什么不同的合约会被选择将在下一章讨论）。当这些财产法发生改变，合约安排也会随之发生变化。因此，分析土地使用权制度发展的正确办法是追踪财产法的变更过程；而不是像斯密那样，通过研究看上去似乎存在着缺陷的土地租赁安排，来解释（或主张）法律的变化。

因此，斯密错了。斯密认为"奴隶"的耕种是极其浪费的，这个观点可能对也可能错，但他认为由于经济方面的原因，佃农在历史上逐渐被固定地租的农户所取代，肯定是错的。我们只需指出，分成租佃制并没有被固定地租制取代，类似的分成合约在美国的零售业、美容院、加油站、游乐园出租业，甚至是受到严格管制的石油业和渔业，也普遍存在。事实上，在斯密以及后来密尔和马歇尔所处的年代，分成租佃制在英国较为少见很可能是因为永久权（freehold）的存在，在这种永久权中，租期的永久性受到法律保护。在永久租约的情况下，分成合约的实施成本太高以至于不受欢

① 斯密（Smith, *Wealth of Nations*），第368—372页。

迎，因为解约是防止佃农表现不佳的一种有效的控制办法。

当然，斯密在分成租佃的问题上对后来的学者产生了怎样的影响，我们很难做出评价。除了税收等价的观点，对后来的英国学者似乎影响更深切的是这样一种信念：英国的（固定地租）制度比其他地方的土地租赁安排更加先进和有效率。这种信念又在阿瑟·扬（Arthur Young）那本著名的《游记》（*Travels*）中被强化。

扬是英国皇家农业学会的会员。作为一个享有盛誉的农业专家，他在《1787、1788 和 1789 年法国游记》一书中几乎每次提及分成佃农都要予以谴责。[①]对于分成租佃制度，扬写道：

> 我说不出一句话可以用来赞扬分成租佃制，而反对这种制度的理由则是成千上万……这是最糟糕的土地出租方式，受骗的地主获得微不足道的地租，农户生活在最贫穷的状态之中，而土地的耕作极其低效，国家与租约当事人一样深受其害……无论这种制度在哪儿盛行，那儿的人们就会陷于灾难深重的贫困之中。[②]

---

① 阿瑟·扬的《游记》（*Travels*）最初在1792年出版，此后发行了多个修订版本。我手边有1793年都柏林重印版的第2卷，康斯坦蒂娅·马克斯韦尔编辑的删节版（Constantia Maxwell, Cambridge University Press, 1929），以及贝萨姆·爱德华兹小姐等人编辑的版本（Miss Betham-Edwards, ed., *Arthur Young's Travels in France during the Years* 1787, 1788, 1789, London: George Bell and Sons, 1892）。

② 扬（*Travels*），都柏林版，第241—242页。扬几乎没有提供多少分析来支持他的观点，他写道："佃农极其贫穷，以至于他们不可能把地耕好。我曾经对应该采取何种耕作模式进行过考察，但这种讨论在法国不过是浪费时间。"（马克斯韦尔版，第202—203页）因此，人们有理由怀疑他是带有偏见的。

但在100年之后的1892年，扬的《游记》出现了一个极为不同的版本。编者是贝萨姆·爱德华兹小姐，此人是作家，同时是法国公众资讯处的公务员，她擅自删除了扬谴责分成租佃制的大部分内容。[①]在余下未被删除的内容中——其中扬断言分成租佃制“导致贫穷和无知”——我发现爱德华兹加了个脚注：“分成租佃制乍一看是一种非常复杂的制度安排，它必定是法国农业繁荣发达的一个重要因素。”[②]

爱德华兹并非是挑战扬的唯一编辑。康斯坦蒂娅·马克斯韦尔（Constantia Maxwell）在1929年编辑了《游记》的另一个版本，她用很长的一段“编者按”对扬的观点做了大量的修正。[③]马克斯韦尔列举了大量的资料，指出在扬那个年代的法国，政府管制着葡萄种植业，税负沉重，路易十四战争后果严重，法国大革命前夕政治动乱频仍。当然，扬并没有完全忽略这些问题，但难以理解的是——即便我们接受扬认为法国农业是“糟糕透顶”这一观点——为什么他将租佃制度看作问题的唯一症结？[④]

---

① 扬（*Travels*），爱德华兹版。

② 同上，第18页。

③ 扬（*Travels*），马克斯韦尔版，第361—404页。

④ 爱德华兹在给扬的《游记》写的导言中（第vi页）写道：“在过去的50年里，没有什么能够比分成租佃制更好地改善农民的生活条件和农业状况。”不过，她所说的并不是扬那个时代的法国农业。这样，马克斯韦尔的修订方式似乎更加合适。马克斯韦尔关于分成租佃的看法值得一提：

> 或许这种制度并不是贫穷的原因，而是贫穷的结果。分成租佃制在实践中要比在理论上运行得更好，以下事实证明了这一点；法国大革命之后……甚至在法国大革命前，就有许多法国地主同佃农的关系非常好，常去地里看望他们，同他们一起讨论农业问题（马克斯韦尔版，第xxx页）。

尽管扬极力指责分成租佃，但我们在他的著作中还是找到了一个证据——法国的土地租金比英国的要低——看上去与分成租佃制中土地使用无效率的观点是一致的。[①]根据税收等价法，佃农在分成租佃中承诺的非土地投入要比在固定地租中的少，因而给定同样的土地面积，佃农支付给地主的地租也较低。根据标准的经济理论，假设其他因素一样，地租在以下情况中会较低：(a)土地的肥沃程度较差（扬对此做过含糊的讨论）；(b)佃农投入的成本（或工资率）较高（对此扬将会否认，因为他认为佃农“穷得要命”）。但是，其他因素实际上并非相同。在那个时期，政治上的不稳定以及农业中的政府管制会降低土地上的投资，从而导致较低的地租。除此之外，一个更为重要的因素或许是，佃农负担的赋税据报道较为沉重。[②]给定佃农在其他地方所能赚到的收入，无论这些收入是多么的微薄，当政府对佃农征收较高的税负，地主为了留住佃农就得收取较低的地租分成率。这就意味着每英亩的地租较低。

如果杨不是因个人感情的因素失去了判断力，他的一些观察还是有可能给后来的学者带来了这样一种启示：只要竞争的局限条件相同，固定地租和分成地租会产生同样强度的非土地要素投入。特别是，扬观察到，分成率在不同的地方不尽相同，而且农地面积的

① 参见扬（*Travels*），都柏林版，第239页。

② 扬对税负的描述可以在“革命”那一章中找到（*Travels*，马克斯韦尔版，第327—360页），在第xxvi页，马克斯韦尔提到：“根据最近的估计，在扬的那个时代，农民收入中有46％作为直接税给了国家，14%作为什一税给了教会，11%或12%给了庄园主。”

分割与人口压力有关。[①]不过，据我所知，此后对分成租佃制中的农地分割问题做出进一步阐释的作者只有理查德·琼斯（Richard Jones）和约翰·密尔（John Stuart Mill）。

琼斯在他1831年的著作中，不仅照搬了斯密关于土地租约发展的观点，而且也照搬了斯密的结论。[②]但是，琼斯详细论述了如何通过把土地分割成不同的大小来调整劳力的投入。琼斯掌握着更多的资料，也认可扬的观察，他写道：

> 尽管佃农在名义上支付同样的地租分成率，但他得到的产出份额可能由于以下原因而下降：承担土地投入的比重较大；租种的土地面积减少。对于第二种情况，我并不清楚法国佃农是否因此遭受重大损失……[③]

同时，在谈到意大利佃农的时候，他还进一步提到：

> 佃农总是随时要接受更细的分割（土地）……就像我们在法国所看到的情况那样，他们的人口通常会不断增加，直到生活资料减少到负担不起的时候才停止。或者更为常见的是，由于所雇用的劳力超过了最有利于地主的水平，地主不肯再细分

---

① 参见扬（*Travels*），第296—297页。

② 理查德·琼斯（Richard Jones, *An Essay on the Distribution of Wealth and on the Sources of Taxation*, part 1- Rent, London: John Murrary, 1983）。据我所知，该书的第二部并没有发行。关于土地租赁的发展，琼斯与斯密持有相同的观点，这一点在整本书里都很明显，特别是在第73—75页。

③ 同上，第91页。

土地，从而导致人口增长停滞。[①]

遵循这个思路，人们期望琼斯接下来会说，至少在某些情况下，分成租佃与固定租约或自耕农有着相同的非土地投入与土地投入之比（或者产出一样高）。但琼斯并没有这么说，而是得出了这样的结论：

> 即使佃农与地主之间的关系……与农奴相比……有些优势，但也存在着一些这种关系所特有的极为严重的问题。在耕种产出上存在的利益对立，破坏了土地改良上的几乎每一分努力。[②]

很难说琼斯的结论与他之前的论述是否存在矛盾。古典经济学家所说的土地改良，或者他们所称的土地上的“囤积”（stock），似乎是指土地上的“投资”，但其所指究竟为何，并不十分清楚。根据我们现在的惯常定义，投资是指消费在时间上的权衡，即：牺牲当期的消费以获取未来更多的消费（收入）。当一个人为了在明天得到玉米的收成，今天的耕种、拔草或者除去杂石就是在投资。投资回报的时间期限不同，这是在一般均衡的框架下处理的。至于一项投资是由一个人来做，还是由一匹马来完成，或者通过使用更多的化肥、更好的水利灌溉还是其他资产形式，从概念上来讲没有任何的区别。只有在一个不考虑时间的投入产出模型中，我们才不需

① 理查德·琼斯（Richard Jones, *An Essay on the Distribution of Wealth and on the Sources of Taxation*, part 1- Rent, London: John Murrary, 1983）。第98—99页。

② 同上，第102页。

要考虑投资的问题。因此，根据我们惯常的定义，一方面说劳力投入的强度（可以用于土地的改良）能自由调整，另一方面又说“利益对立破坏了土地改良上的几乎每一分努力”，的确是自相矛盾的。

但是，对于琼斯和他同时代的人，甚至是对于密尔以及他之后的其他学者，“土地改良”或“投资”的概念在两个方面是含混不清的。首先，他们没有区分瞬时的耕种投入与长期的投资。因而，我们总是搞不清楚他们责难的究竟是产出的分成机制，还是租约的非永久性。其次，他们不是将劳动和非劳动投入当作承担不同生产功能的不同实体，而是将它们看作完全不同的两个概念。在他们看来，“劳动”是“短期的”，而非劳动投入则是“长期的”，“土地改良”仅由“资本”实现，而不会由“劳动”做出。

然而，即便可以接受他们这种术语模糊的习惯，琼斯也该认识到，既然“劳动”可以调整，“资本”亦然，或者“劳动”还可以用“资本”来替代。但是，琼斯并没有这么做。人们的确不禁要揣测，他那突兀的结论并非来自逻辑，而是来自一种成见，即英国制度是最好的。如果琼斯看过大约 15 年前西蒙德 · 西斯蒙第（Simonde de Sismondi）所描述的意大利佃农，不知他是否会修改他的结论。西斯蒙第自己就是个租佃地主，他当然极力颂扬这个制度：

> 佃农分成制度……比任何其他制度，更能够为底层阶级带来幸福，提高土地耕作的技术水平，并在其上积累大量的财

> 富……在这种制度中，佃农如同关心自己的土地那样关心他所耕种的土地……在土地上积累起大量的资本，发明了众多先进的轮作方法，以及精巧的耕种方式……在一块面积有限、肥力贫瘠的土地上聚集了大量人口，这一切都足以清楚地证明，这种耕作方式既有利于土地本身，又有利于农民。[①]

这种对分成租佃制的溢美之词，与扬的无端责难是完全对立的。但是，直到约翰·密尔处理这个问题时才综合考虑到这两方面的观点。[②]

在洋洋大观的文献回顾中，密尔提到："分成租佃制受到了英国权威的粗暴对待。"[③]密尔认为："英国作家对这种制度的肆意谩骂，是怀揣着极端狭隘的偏见。"[④]密尔的分析本质上不过是琼斯观点的一个变形，他更明确地将劳动投入以及土地改良看作完全不同的两个概念。

密尔引用并接受了斯密的观点，即认为分成地租类似于税收，

---

① 西蒙德·西斯蒙第[J. C. Simonde de Sismondi, *Political Economy* (1815), New York: Augustus M. Kelley, 1966]，第41—42页。

② 参见约翰·密尔（John Stuart Mill, *Principles of Political Economy*, 4th ed.; London: John W. Parker and Son, 1857），卷2，第8章"关于佃农"。

③ 同上，第367页。麦克库洛赫（J. R. McCulloch）是另一个著名的"英国权威"，他写道：

> 用分成租佃的方式出租土地……在欧洲大陆很普遍；哪里采用这种方式，哪里的土地改良就会完全停滞，使耕种者贫困不堪[*Principles of Political Economy*, (Edinburgh, 1843), 第471页]。

④ 密尔（Mill, *Principles of Political Economy*），第380页。

因而觉得佃农对“土地改良”不会感兴趣。[①]如此一来，“土地改良所使用的必定是地主的资本”，但“习俗”是“土地改良的严重障碍”。[②]关于劳动要素的投入，密尔最初认为“不够充足”，后来又认为可能“太多”，乍一看似乎是自相矛盾的：

> 佃农勤奋努力的动机不像自耕农那样强，因为勤劳的成果只有一半，而非全部归他自己所有……我在这里是假定这一半产品足以使他过上舒适的生活，但实际上是否如此，取决于土地细分的程度；而土地细分的程度又取决于人口原理的作用……地主可以拒绝土地的细分来发挥控制（人口增长的）作用。然而，我并不认为这种控制十分重要，因为土地即使不细分也可以负担过剩人口的生活，而且，人口增长几乎总是使总产量提高，在这种情况下，取得一半产品的地主是直接受益者，只有劳动者受到烦扰。[③]

应该注意两个问题。首先，密尔在这段引文中隐含地假设，对于佃农来说，不存在通行的工资率，也没有在其他地方赚取收入的机会，甚至也没说清楚维持生活的最低收入水平是否对土地再分割构成一种制约。确实，没有明确的边际收益递减定律，就很难得出

① 密尔（Mill, *Principles of Political Economy*），第366—367页。

② 同上，第367页。

③ 同上，第365—366页。这段引文采用了网上的译文，网址为：http://www.mypcera.com/book/new/jinguang/zzjj/025.htm。

均衡的结果。[1]其次，密尔不允许通过调整地租分成率的方式来实现“土地改良”——即便他很清楚地租分成率是可以不同的。[2]

密尔没有给出任何明确的结论，因为他不准备对这个问题进行任何经济学分析。他一开始就指出，欧洲的分成租佃制是由习俗而不是由市场竞争决定的。[3]因此，“如果产出是按固定的习俗，而不是按变动不居的合约来分配的话，则在政治经济学中无须研究其分配规律”。[4]那么，密尔这个“习俗”的观点究竟来自谁呢？来自西斯蒙第。

> （由谁负责提供什么要素投入）经常是契约的内容，并指明佃农要交纳的租金和应从事的劳动项目。然而，这些人的义务与另外一些人的义务，它们的差别极微小。习俗同样能处理所有的契约，可以补充条款中没有表明的项目。土地主人如果要排斥习俗，想比邻近的地主取得更多的地租，不想对半分成，那就会引起别人的憎恨，他确信找不到忠诚老实的佃户。至少在每个省份，佃户的契约都是一样的，这种契约也从来没有给寻找职业的农民提供哪种竞争机会，对谁也没有提供过低廉的价格来耕种土地。[5]

---

① 注意：引文的最后一句话与琼斯的观点是非常不同的。

② 密尔（Mill, *Principles of Political Economy*），第363页，以及第364页的第二个注解。

③ 同上，第363页。

④ 同上，第364页。

⑤ 密尔援引西斯蒙第，同上，第363—364页。

以上描述的合约规定与我的佃农理论是一致的，关于这点我们将会有更详细的分析，它们与中国的情况是类似的。不过，认为佃农制度“从来不会产生竞争”的看法是错误的。实际上，西斯蒙第所描述的签约各方所受到的各种限制，正是由竞争本身带来的。

我们要问的是：分成合约中的条款为什么被视为由“习俗”而非竞争决定的呢？我认为答案在于，分成合约没有明确地指定要素投入的价格。[①]在固定租金或工资合约中，土地的租金价格或工资价格不仅明确表述在合约中，而且只要支付足够高的价格，签约方都可以自由地买入任意数量的要素资源。在分成合约中，价格机制发挥作用主要是借助于调整地租分成率以及非土地要素与土地要素之比，这不仅让人觉得不存在市场价格，而且彼此约定的要素投入强度也让人感觉是“固定”的。西斯蒙第和密尔没有认识到，其他因素不变，佃农承租的土地面积减少意味着工资率（即非土地投入成本）的下降，或土地租赁价格的上涨；而地租分成率的下降代表着工资率的上升，或土地租赁价格的下降。此外，市场上各种要素的相对价格变化可以通过多种维度在分成合约中进行有弹性的调整，这种弹性是如此充分，反而给人造成弹性不足的印象。比如，

① 这个判断来自我对他们讨论分配问题的印象。例如，参见琼斯，《财富的分配》（Jones, *Distribution of Wealth*）；西斯蒙第，《政治经济学》（Sismondi, *Political Economy*）第3章；麦克库洛赫，《政治经济学原理》（McCulloch, *Principles of Political Economy*）第3部分；以及密尔，《政治经济学原理》（Mill, *Principles of Political Economy*），第2卷。

在工资合约中，工资率上升50%看上去变动的幅度非常显著；但在分成合约中，小幅下调地租分成率、减少劳动投入以及稍稍增加土地的租种面积，就有可能带来同样幅度的工资率上升。

这样，密尔没能在理论上解决好这个问题。但必须承认的是，他面对众说纷纭的各种观点能做出以下的判断还是相当明智的：

> 如果这一制度（分成租佃）在（意大利的）托斯卡纳的实际作用和著名权威西斯蒙第所描述的，在每一个细节上都完全一样；又如人民的生活方式及其农场的规模多年来保持不变，并且仍然同西斯蒙第所说的情况一样——那么，在改良农业的借口下试图采用货币地租和资本主义农场主的制度，扰乱这种远胜于欧洲大多数国家的农村福利状态，是令人懊丧的。①

B. 新古典观点

分析方法上存在的诸多缺陷使得古典经济学家在分成租佃的资源使用问题上很难得出一般性的结论。除了前面提到的概念模糊，古典经济学家也未能将地租看作生产成本的一部分。②此外，求解一般均衡所需的边际分析方法也模糊不清。不过，这些缺陷并不妨碍马歇尔对分成租佃的分析。尽管此前西斯蒙第和密尔在税收等价

① 密尔（Mill, *Principles of Political Economy*），第380—381页。

② 在本书还是草稿之时，乔治·施蒂格勒告诉我，密尔的确认识到地租是一种生产成本，然而马歇尔却并不这么认为。

法上的着墨并不多，但马歇尔重拾这个方法，或许是因为分成地租与税类似，非常适合使用他的边际分析。[①]即便是采用这种分析方法，马歇尔在一个脚注里也差不多给出了正确的答案。

通过追溯马歇尔《经济学原理》中两个章节里的脚注，[②]我们可以推导出一个后来常被经济学家所使用的图。图4对此做了更为充分的分析。简化起见，我们假设佃农唯一的要素投入是劳动。在图4中，佃农劳动t是用横轴量度的，而$\partial q/\partial t$代表给定耕地面积的佃农劳动边际产出。在竞争性市场上，佃农的边际成本——$\partial(Wt)\partial t$——是一条水平线，且W为现行工资率。如果地主雇用（支付固定地租的）农民进行耕作，均衡点是B点，而受雇的劳动量为t_2。在这个均衡中，我们有边际等式$\partial q/\partial t=\partial(Wt)/\partial t$。对于自耕农，无论他是自己耕作至$t_2$同时在其他地方有工作，还是耕作少于$t_2$并以$W$的工资率雇用额外的劳动力，结论都是一样的。地主得到的总地租由MDB的面积表示，与固定地租合约中的地租金额相同。

然而，若用税收分析法来分析分成租佃制，扣除地租后的佃农边际收入$(\partial q/\partial t)(1\quad r)$将会在曲线每一点处向下移动。也就是说，如果地主拿走土地年产出的40%（r=0.4），佃农得到产出的60%，那么$(\partial q/\partial t)(1-r)$就是$\partial q/\partial t$的60%。由于佃农是根据边际相等来做决策的，所以$A$点被认为是均衡点，此时佃农的边际成本等于其

① 马歇尔（Marshall, *Principles of Economics*，8th ed., 1920, London: Macmillan & Co., 1956），第380—381页。

② 同上，第4卷，第3章；以及第6卷，第10章，第536页。

边际收益，即$\partial(Wt)/\partial t=(\partial q/\partial t)(1-r)$。佃农相应的劳动投入量位于$t_1$。在此条件下，总产出由$ODJt_1$的面积表示，地主拿走相当于$EDJA$面积的地租，而佃农得到的份额为$OEAt_1$。正如图中所示，$MEA$的面积代表的是佃农的收入超过了他从事其他生产活动所能赚取到的收入（$OMAt_1$）。在均衡点A，佃农劳动的边际产出高于它的边际成本。因而，分成租佃是无效率的（JAB的面积代表了经济浪费）。

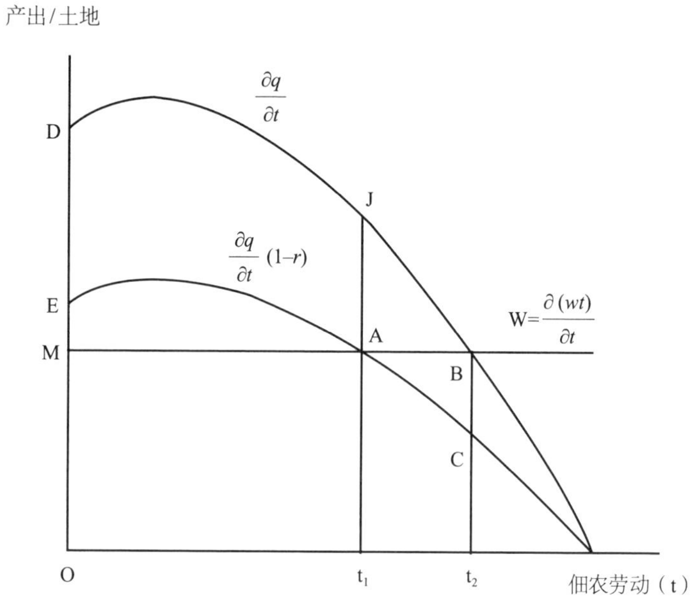

图4　税收等价法的图形分析

正是基于这种分析，马歇尔评论道：

当佃户必须把每次投于土地的资本和劳动的收益之半数交

> 给地主时，如投资的总收益少于他的报酬之数的两倍，则于他不利，他绝不从事这种投资。如果任他自由耕种，则他耕作的集约化程度远比英国（固定地租）制度下的为低。他所投的资本和劳动，以能给他两倍多的报酬为限，因此，他的地主在该报酬中所得的份额，比在固定地租下要少些。[①]

这里重要的问题在于，根据这个分析，马歇尔发现佃农会得到一个剩余收入，而地主所得到的地租要少于采取固定地租合约所得到的地租。但奇怪的是，马歇尔并没有问，为什么地主不选择固定地租合约，或者干脆将土地卖给佃农。[②]自然，马歇尔并不愿意对佃农的剩余收入不了了之：

> 如果佃户没有固定的佃权，则地主可以任意安排佃户所供给的劳动和资本的数量，以及地主本身所供给的资本数量，以适应各种特殊场合的需要。[③]

马歇尔的观点是，佃农“实际上有固定的佃权”，[④]他还提及了

① 马歇尔（Marshall, *Principles of Economics*，8th ed., 1920, London: Macmillan & Co., 1956），第535—536页。这段引文采用了网上的译文，网址为：http://www.bookfree.com.cn/jingji/jj-jjxy/054.htm。

② 正如之前其他作者一样，马歇尔知道在欧洲固定地租和自耕农与佃农是同时并存的。对分成租佃所占比重的估计非常之多，且千差万别。

③ 马歇尔，《经济学原理》（*Principles of Economics*），第536页。

④ 同上。

亨利·希格斯的一篇论文。[1]希格斯注意到，地租分成率的确各不相同，“分成租佃制乍一看很僵化，但实际上具有相当大的弹性”。[2]不过，他与西斯蒙第和密尔持有同样的“习俗”观。希格斯的结论是基于他在法国所做的实证调查，但是，这个调查样本中只有一个佃户。[3]或许正是“固定佃权”这一观念，使得马歇尔只是在一个脚注中提及了调整的可能性：

> 如果地主可以自由地根据自己的利益来调整（资本的）投入量，而又能与佃农协商投入多少劳力，那么用几何可以证明，地主会将资本量调整到可以迫使佃农耕种土地的强度与英国的（固定地租）制度一样，而地主的分成租金收入也会与固定地租的情况一样。[4]

马歇尔没有提供几何证明，而有趣的是，我们可以猜想一下，如果真的做了几何证明，他是否会修改这个脚注。这个猜想之所以有趣，是因为他所设想的这种结果只有在某些特殊情况下才是对的，而一般来说是不对的。这个脚注之所以不对，是因为马歇尔不

① 亨利·希格斯（Henry Higgs, “Metayage in Western Farmer”, *The Economic Journal*, March, 1894），第1—13页。

② 同上，第9页和注1。

③ 同上，第9—13页。

④ 马歇尔，《经济学原理》（*Principles of Economics*），第536页，注2。

允许调整地租分成率。[①]让我来解释一下。跟随马歇尔的思路，假设图4的横轴不仅量度劳动，而且也量度一般意义上的非土地投入（假设不存在有关的替代问题）。再假设非土地投入的初始量为t_1。给定某个（此数不是取任意值都可以）地租分成率，以及地主已提供足够数量的非土地“资本”投入，在不调整地租分成率的情况下，地主可以通过调整任一方提供的非土地投入，使得：(a) 分成租佃制的地租收入与固定地租的地租收入一样多；(b) 佃农的剩余收入消失殆尽。就此而言，马歇尔是对的。但是，假设佃农提供全部的非土地投入，或者地主只提供少量的非土地投入；那么，除非是非常偶然的巧合，否则地租分成率就必须进行调整（除了调整土地上的非土地投入之外）才能得到马歇尔所设想的结果。从另一个角度看这个问题：给定与财富最大化相一致的非土地要素与土地要素之比，并假设各签约方提供非土地投入的相对份额在合约中是

---

① 尽管马歇尔知道地租分成率并非在任何地方都是一样的（第535页，脚注1），他却指出，由于习俗的原因，改变地租分成率“在不使用暴力的情况下，很少能办得到”（第533页）。他没有提供任何关于“暴力”的证据。马歇尔在理论上遇到的困难源于他不允许调整地租分成率，这在他下面的一段话中（第536页，注2）明显地表现了出来：

> 如果（地主）不能改变（资本的）投入量，但仍能控制佃农的劳动投入量，那么在某些形状的生产曲线下，耕种的强度会比英国的（固定地租）制度下要大；但是，地主的地租收入会稍有减少。这种矛盾的结论具有科学上的趣味性，但实际上并不重要。

规定好了的，则有且只有一个地租分成率与均衡相一致。[1]这段较为困难的内容将会在下一节中变得更加清楚。

应该提及的是，马歇尔与他之前的斯密、琼斯和密尔一样，试图根据经济效率的高低对土地使用权的安排制度进行“排序”。[2]他们在处理这个问题的时候，并没有明确指出一组具体的产权局限条件，而在这些局限条件的约束下，不同形式的土地使用权安排可能意味着相同的资源使用。在讨论分成租佃制的过程中，他们的分析隐含地假设了自由转让权的存在，这意味着他们假设存在着私有产权这个局限条件。[3]不过，斯密和琼斯认为，分成合约尽管是一种浪费，但他们把它仅看作一种过渡性的短期现象。密尔和马歇尔将问题归咎于“习俗”。斯密曾预言固定地租将会取代分成地租，但

---

① 参见第二章，以及本章的C节。但要注意，如果种植几种农作物，由于不同农作物需要不同的要素投入强度，同一个分成合约中可能存在多个地租分成率。参见第四章B节。

② 马歇尔，《经济学原理》（*Principles of Economics*），第6卷，第10章。

③ 权利可以在个体所有者之间转让就意味着权利在使用上是具有排他性的，至少在某种程度上是这样。在市场上，资源的权利转让并不限于断权转让，还包括各种形式的租赁安排。法律上对这些转让施加限制会带来较高的交易费用，但不一定会对局限条件构成太大的影响，以至于显著地改变资源使用。在扬的《游记》（马克斯韦尔版）的“编者按”中可清楚地看到，法国的分成租佃制中是存在自由转让权的。

乔治斯库·罗金（N. Georgescu-Roegen）分析分成租佃制时，把它看作“封建制度”中的一种土地使用权安排。但我们还需要指出产权的局限条件，以便对“封建制度”进行定义。罗金也使用了税收等价法，同样得出分成租佃制无效率的结论。参见他的论文（Georgescu-Rogegen, “Economic Theory and Agrarian Economics,” *Oxford Economic Papers*, February, 1960），第23—26页。

这并没有成为事实；如前所述，分成合约中的条款会让人觉得它是由习俗固定下来的。

在当代学者中，做过类似的“排序”且持有“习俗”观点的包括雷纳·沙克雷[①]和厄尔·赫迪。[②]沙克雷和赫迪在讨论分成合约的过程中进一步采用税收等价法，但与马歇尔的方法有些不同。他们使用了一个与图4一样的图形，结论是均衡在A点，且佃农边际成本等于其边际收益，即$\partial(Wt)/\partial t=(\partial q/\partial t)\,(1-r)$。佃农承担的要素投入量为$t_1$。根据沙克雷的分析，如果佃农的投入量由$t_1$升至$t_2$，那么$ABC$的面积代表佃农送给地主的一个“礼物”[③]——因为它等于佃农的总收益（t_1ACt_2）低于佃农的总成本（t_1ABt_2）的部分。但是，沙克雷没有把这个自相矛盾的论点继续推导下去：如果佃农的投入量是t_1，那么MEA的面积（佃农的剩余收入）就代表地主送给佃农的“礼物”。按此逻辑，如果佃农的投入量在t_1和t_2之间，双方将会互赠“礼物”！

沙克雷（以及他之后的赫迪）根据上述的分析断言，为了实现有效率的资源使用，地主必须分担部分非土地投入。他们找到了一个一般性的规则去计算地主需要补偿多少投入才能达到“有效率”

---

① 雷纳·沙克雷（Rainer Schickele, “Effects of Tenure Systems on Agricultural Efficiency.” *Journal of Farm Economics,* February, 1941）第185—207页。

② 厄尔·赫迪（Earl O. Heady, “Economics of Farm Leasing Systems.” *Journal of Farm Economics*, August, 1947），第659—678页。

③ 雷纳·沙克雷（Schickele, “Effects of Tenure Systems on Agricultural Efficiency.”），第193页。

的状态。当地租分成率为 50%（r=0.5），用图 4 的横轴度量非土地投入，沙克雷的结论是："如果地主与佃农均摊谷物生产的全部投入成本，则耕作的强度会达到 t_2 点，即效率达到最大。"[①]撇开其经济内容不谈，原本不过是几何上的一个"意外"，居然成为赫迪的一种幻觉。赫迪把 $\partial q/\partial t$ 和 $(\partial q/\partial t)\ (1-r)$ 转换成边际（产出）成本曲线，而这些曲线是随意画出来的。[②]如此一来，赫迪将沙克雷的建议总结为："可变要素的成本（在一种要素比如土地是固定的情况下）必须按照产出分配的比例，由地主和佃农共同分摊（以达到有效率的状态）。"[③]让我来厘清一下。

回到图 4，那里我们使用的条件是 r=0.4。假设地租分成率 r 现在是 0.5（沙克雷所使用的）。沙克雷似乎以为 t_1 一定会把 Ot_2 分成相等的两段。因而，如果地主将非土地投入从 t_1 增加至 t_2，它正好分摊了一半的投入成本，也即以"产出分配的比例"来分摊成本。但是，即便边际产出曲线是线性的，这也是错的。回想一下，佃农的边际收益曲线是通过 $\partial q/\partial t$ 曲线上每一点的纵坐标乘以 $(1-r)$ 得到的。而在横坐标上，只有一点是成本分摊比等于产出分成比。这里有趣的并不是几何幻觉本身，而是即便没有这种幻觉，也会得到一个怪论，即：给定任意的地租分成率，且给定一个足够高的工资率

① 雷纳 · 沙克雷（Schickele, "Effects of Tenure Systems on Agricultural Efficiency."），第195页。

② 赫迪（Heady, "Economics of Farm Leasing Systems."），第672页。

③ 同上，第673页。

使得佃农的投入减少到零（根据税收等价法），土地的价值仍然为正（因为产出的总量仍然高于工资的总量）。难道我们可以说，在这种土地价值对佃农来说为正的情况下，佃农却不愿意支付分成地租去耕种土地吗?

不清楚的是，沙克雷和赫迪在讨论土地使用权时使用的“习俗”究竟所指为何。密尔将“习俗”仅仅看作非竞争性的某种东西，而沙克雷和赫迪在讨论分成租佃制的时候既说“习俗”，也说“竞争”。一种解读是，他们所说的“习俗”是指一种财富或效用最大化假设不适用的情况。然而，没有关于行为的假设，我们就无法界定竞争的含义。让事情更为复杂的是，他们隐含地认为追求最大化的行为假设适用于佃农，却不适用于地主。这在查尔斯·伊萨维（Charles Issawi）讨论分成租佃时表现得尤为明显。伊萨维同样认为均衡在A点，但在分析中承认：

> 一直以来的隐含假设是……地主对有可能通过投资增加收入的经济刺激并不积极做出反应；如果他们的确这样，固定地租与分成租佃之间的差别自然就失去了大部分意义。过去，这个假设在很大程度上适用于大多数发展中国家，现在仍然适用，只不过程度略为减弱。[①]

这类分析在关于“欠发达经济体”的文献中很常见。而我们很

① 查尔斯·伊萨维（Charles Issawi, “Farm Output under Fixed Rents and Share Tenancy,” *Land Economics*, February, 1957），第76页。

想知道，一个追随马歇尔的经济学家如果摒弃了习俗观将会怎样。我们在盖尔·约翰逊（D. Gale Johnson）的研究中就发现了这样一种情况。[①]约翰逊对马歇尔的分析做了详细的数学化，经过公式推导他得出以下结论：

> 在分成租约中，如果地主从农作物产出中得到的份额是一半的话，佃农将会在农作物生产过程中投入他的资源，直到农作物产出的边际成本等于边际产值的一半。但是，这个佃农会饲养牲畜，因为饲养牲畜的主要成本由地主承担，收益却不必与地主分享。地主不会对土地进行投资，除非边际产值是边际成本的两倍。[②]

不过，约翰逊指出，他的分析是建立在“佃农和地主……各自只考虑自己利益的情况下”[③]。这类似于马歇尔的假设，即佃农“可以随心所欲地耕作”。当然，这个假设使得合约的含义模糊不清。这里有趣的是，即便我们接受了这个假设，约翰逊的结论仍然建立在一组难以确定的局限条件之上。这点将在下一节予以说明。

但是，约翰逊并不愿意接受分成合约中资源使用无效率的观

① 盖尔·约翰逊（D. Gale Johnson, “Resource Allocation under Share Contracts.” *Journal of Political Economy*, April, 1950），第111—123页。

② 同上，第111页。阿马蒂亚·森（Amartya K. Sen, “Peasants and Dualism with or without Surplus Labor,” *Journal of Political Economy*, October, 1966）也得出了类似的结论，第445—446页。

③ 盖尔·约翰逊，（D. Gale Johnson, “Resource Allocation under Share Contracts.”），第111页。

点，他花了一节的篇幅考察了其他调整的各种可能性。[①]他发现，“尽管不是很充分，但现有的证据还是可以表明，与同等土地中的现金租约相比，分成租佃合约至少可以带来一样多——即便不是更多——的每英亩地租”。[②]为了调和这种在理论和事实之间的明显冲突，约翰逊的辩解是，由于租约期限较短，佃农并不真的能够自由地按照自己认为合适的方式进行耕种。[③]因而，佃农投入的强度实际上“取决于他认为‘能够敷衍过去’的程度”。[④]

难以理解为什么约翰逊没有抛弃他的理论分析去建立一个新的理论——考虑一下签约各方只有接受或者不接受合约的自由，即便是“敷衍过去”，也要被约束在竞争局限所允许的范围之内。这些选择与固定地租和固定工资的情况完全相同，这是私有产权的局限的含义，约翰逊不是没想到。以这些权利局限为基础构建的理论将会表明，正是由市场决定的地租分成率以及非土地投入与土地投入之比构成了分成合约中的条款。然而，约翰逊在这点上又是摇摆不定的：

---

① 盖尔·约翰逊，（D. Gale Johnson, “Resource Allocation under Share Contracts.”），第118—121页。

② 同上，第118页。在相关的脚注中，约翰逊写道：

我对艾奥瓦州1925年至1946年间租佃农地的地租净值做过估算。从1925年至1934年，与收取现金地租的农地相比，租佃农地的地租净值平均每英亩少1美元。在1935年至1939年间，二者的地租净值大致上相同。在1940年至1946年间，租佃农地的地租净值每英亩至少比现金地租农地的地租净值高4美元。

③ 同上，第119—120页。

④ 同上，第120页。

> 人们还没能很好地理解地主和佃农是怎么缔结租约的。价格机制并没有像通常那样发挥作用，是因为土地并不一定租给能够带来最高地租的佃农。不过，价格机制在分成地租市场和现金地租市场上所起的作用，只有微小的差异。[①]

约翰逊在分析中已经得到了——但最终丢弃了——足以揭示出分成合约的条款是由市场决定的条件。在构建理论时，他写道：

> 佃农在这些条件下耕作的资源配置方式，是否很可能与他支付现金地租——不与实际产出挂钩——的情况完全一样呢？回答显然是“不”。每英亩土地的平均地租只有一个值能使分成率可变的分成合约在资源配置上与固定地租合约的情况一样。没有理由认为，这个特别的地租会在竞争条件下出现。[②]

为什么不呢？正如上一章所证明的那样，每亩地租在均衡时达到最大，此时固定地租和分成合约中的平均地租就是相等的。每亩地租的最大值之所以是唯一的，是因为它是在非土地的边际成本与其边际产出相等的时候得到的。而相关的每个佃农租种的土地面积、非土地投入量以及地租分成率将会成为分成合约中所规定的条款内容。因而，让人有些困惑的是，约翰逊还写道：

---

① 盖尔·约翰逊，（D. Gale Johnson, “Resource Allocation under Share Contracts.”），第121页。

② 同上，第118页。

短期租约的承租人显然明白，地主有权选择以收取不与实际产出挂钩的现金地租的方式来出租土地。结果是，如果产出处于平均水平，那么佃农计划在每英亩土地上得到的平均产量所带来的分成地租，必须等于相应的现金地租……[①]

这段引文和前面的引文之间明显互相矛盾，或许可以按照以下方式来调和：在否定固定合约与分成合约中的平均地租在理论上相等的时候，约翰逊采用的正是一种不可能使之相等的模型。而在接受这二者相等时，经验上的观察又迫使他寻找另外的解释。正如我们在讨论马歇尔的时候所看到的那样，这种相等的情况只有在地租分成率是一个可调整变量的情况下才能推导出来。约翰逊的研究是极富洞察力的，但给我的印象是，他根据一个有很大局限性的模型得出分成地租的生产效率没有固定地租高的结论，但又坚持认为二者的效率在实际中可能是相等的。也许是由于这个原因，他呼吁就“分成租约对资源配置的（影响）……进行事实验证”。[②]

C．对错误的修正

要说明上一章推导出来的佃农理论与税收等价法之间的根本不同，只需一个几何图就足够了。如图 5 所示，它是图 4 的一个

① 盖尔·约翰逊，（D. Gale Johnson, “Resource Allocation under Share Contracts.”），第120页。

② 同上，第123页。

扩展。我们已经很熟悉佃农的边际产出$\partial q/\partial t$及其边际收益$(\partial q/\partial t)(1-r)$。根据税收等价法，均衡点位于A点，而佃农的投入量等于t_1。

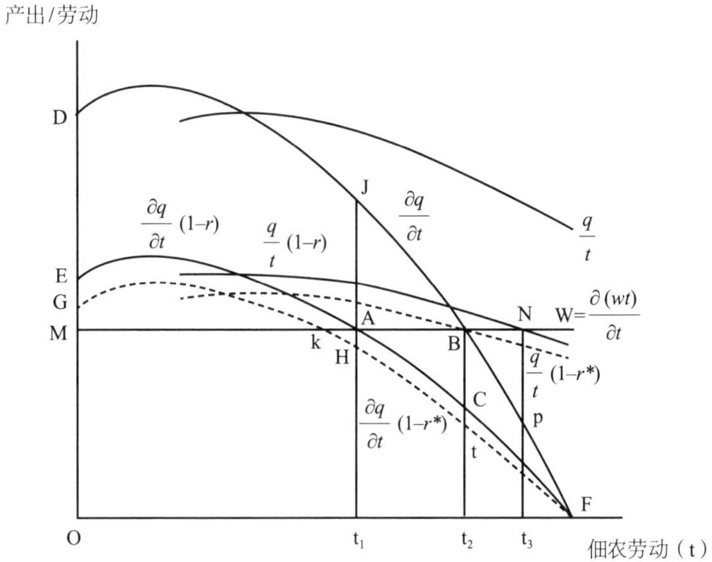

图 5　税收等价法与标准佃农理论的对比分析

在图5中，假设一块面积给定的土地，对$\partial q/\partial t$保持不变。给定r=0.4，据此画出$(\partial q/\partial t)(1-r)$曲线……（倒数第三行）如图所示，佃农的收入仍然大于他在其他地方所能赚到的收入（$OMBT_2$的面积），而MEA的面积大于ABC的面积意味着总地租小于工资合约或固定租金合约中的总地租（MDB的面积）。给定佃农的边际收益$(\partial q/\partial t)(1-r)$，佃农相应的平均收益便是$(q/t)(1-r)$，它的每一点都是佃农劳动平均产出的40%。在这种情况下，地主规定佃农耕作至

t_3是做得到的，此时的佃农平均收入$(q/t)(1-r)$等于工资率，意味着佃农的耕作收入等于他在其他地方所能赚取的收入。

然而，当佃农的投入位于t_3，地主收到的总地租等于*MDB*的面积减去*BNP*的面积，在量上小于自耕农、工资合约或者固定地租合约中的地租。为了实现分成合约中的财富最大化，在佃农成本的约束之下，地主因而会将地租分成率调高至r^*。选择r^*使得佃农的边际收益曲线下降至虚线*GF*，且*MGK*的面积等于*KBI*的面积。相应的佃农平均收益便是$(q/t)\ (1-r^*)$，这必然与劳动边际产出曲线$\partial q/\partial t$交于*B*点。在这个新地租分成率的条件下，合约规定佃农的劳动投入为t_2，地主的总地租是*GDBI*的面积（等于*MDB*的面积），而佃农分得的收入为$OGIt_2$的面积。由此推导出均衡条件：位于*B*点，我们有

$$\partial q/\partial t=\partial(\mathrm{Wt})/\partial t=(q/t)\ (1-r^*)$$

这里的r^*是均衡时的地租分成率。[①]其实税收等价法之所以会造成混淆，主要的根源之一便是佃农的边际收益曲线$(\partial q/\partial t)\ (1-r)$。尽管它看起来好像很重要，但在私有产权不受限制的情况下，它对于决策而言不过是一个幻觉。

进一步的分析表明，即便我们采用税收等价法研究分成合约，并让佃农在边际上做决策，A点实际上也不是均衡点。假设存在多个地主，且每个地主对单位土地上的佃农投入不做规定，那么佃农

① 这也是第二章结论的另一种表达，只是形式上没那么全面。

可以按照自己喜欢的方式耕作。进一步假设，法律并不禁止佃农为多个地主耕作。这样，佃农就没有理由为一个地主耕作至（图5中的）t_1。可以设想，佃农在每个地主农场中的边际收益曲线都是向下倾斜的。为了实现耕作收入的最大化，佃农会在多个农场里分配劳力直至“筋疲力尽”，这时来自不同农场的边际收入是相等的。[①] 在这种情况下，如果佃农获得的总收入超过在其他地方所能获得的收入，其他佃农就会加入竞争。

进一步发挥我们的想象力。假设每个相继进入农场的佃农也是在几个农场里耕作，同样要让来自不同农场的边际收入相等。随着佃农进入的数量增加，每个佃农从不同农场得到的边际收入将会下降，这意味着地主分得的地租收入上升。只要每个佃农的总收入高于在其

---

① 假设佃农的边际收益曲线在下降之前是上升的，并且所有农场的生产函数是相同的。给定r，佃农（现在完全可以进行自由选择）将他的所有要素进行配置，直至他在每个农场的平均收入$(q/t)\ (1-r)$趋于相等，也即土地的边际产出等于零。这是从另外一个角度看可变比例定理（the law of variable proportions）在满足线性齐次条件时所隐含的一种情况。

其实在资源私有的制度下，很难界定一组局限条件使得图5中的A点成为均衡点。但在土地国有的制度下，可以为A点确定一组有趣的局限条件：（a）土地所有权属于国家，政府可以武断地将土地分给佃农，并在分成的基础上收取地租；（b）允许佃农根据市场工资率自由选择工作于何处，并且对佃农投入国有土地上的劳动量不做规定；（c）佃农不能以任何形式转让对国有土地的承租权。如果严格执行这些条件，均衡点似乎就会在A点，政府佃农的那个剩余收入类似于“福利”支出。不过，这几乎不可能是研究佃农理论的学者所思考的局限条件。

他地方所能赚取的收入，佃农就会继续进入。[①]给定$(\partial q/\partial t)(1-r)$，并假设地主们在合约中接受任意水平的劳动投入量，佃农之间的竞争就会推动每个农场（这样的农场由图5来表示）里的劳动投入至t_3的水平。由此造成的“过于拥挤”局面意味着，地租分成率没有达到最大值。竞争再度盛行。给定同质的生产要素，地主们为了财富最大化将在能够给他们带来至少与r^*一样高的地租分成率的佃农中挑选承租者，而地主之间的竞争意味着地租分成率不可以再高了。给定r^*，它决定了具体的$(\partial q/\partial t)(1-r^*)$曲线，佃农在竞争中提供的且被每个农场接受而在合约中规定下来的劳动投入量就是t_2。每个农场都是在佃农劳动的边际产出与其边际成本（图5中的B点）相等的时候实现了均衡。

上述均衡所包含的资源配置是满足帕累托条件的，但它具有一种迄今还未被观察到的有趣形式：众多佃农在同一个农场耕作，而每个佃农只投入很小一部分劳动量；同时，每个佃农又为多个农场耕作，在这些农场赚取的总收入与他在其他地方能获得的收入相当。在本质上，这与前面所说的情况一样，即每个佃农将他的全部劳动投入一个农场，直到佃农劳力的边际产出等于其边际成本为止。但是，我们从未观察到佃农像这里描述的这样把劳力分配到多个农场中，这是因为交易费用的存在，特别是签订合约的费用以及从一个农场流动到另一个农场的费用并不为零。

① 如果佃农劳力的行业供给曲线是上升的，佃农的进入会伴随着工资率的上升而缓慢上升。这里不考虑这种复杂情况，图5中所使用的工资率最终是由市场决定的。

D. 含义的检验

盖尔·约翰逊在 1950 年曾经呼吁对分成租佃制的资源使用进行实证研究，而中国学者早在 20 年前就已广泛地对租佃农地做了类似的调查研究。有关租佃耕作的资料在那时也得到了精心的收集整理。20 世纪 20 年代初至 30 年代末，对租佃耕作方式的抨击在中国是相当普遍的，且土地私有制的合理性常常是争论的焦点。由于缺乏正规的经济理论支持，中国很多研究机构和独立学者不得不求助于经验调查。但不久，有关租佃问题的争论就因抗日战争的爆发而终止了。除了由约翰·洛辛·卜凯（John Lossing Buck）撰写的两本著名英文著作之外，这些调查研究的大部分成果此后便一直不为人所知。①

以上提及的研究成果，尽管看上去可能并不充分，却是我所能

① 在南京金陵大学的资助下，卜凯指导了一个40人的工作组，对中国在1929—1936年的农地耕作数据进行了收集和整理。这些原始数据似乎一直未被人们所注意，参见约翰·洛辛·卜凯（J. L. Buck ed., *Land Utilization in China–Statistics–A Study of 16,786 Farms in 168 Localities and 38,256 Farm Families in Twenty-two Provinces in China, 1929-1933*, Nanking: University of Nanking, 1937）。在编写这部重要著作期间，卜凯还撰写了著名的《中国农家经济》（*Chinese Farm Economy*, 1930）和《中国土地利用》（*Land Utilization in China*, 1937），两本都是由芝加哥大学出版社出版。不过，卜凯的早期研究也很重要：《芜湖102农家之经济及社会调查》（*An Economic and Social Survey of 102 Farms near Wuhu, Anhwei, China*, Nanking, 1923）；《河北盐山县150农家经济及社会调查》（*An Economic and Social Survey of 150 Farms, Yehshan County, Hopei, China*, Nanking, 1926）；以及《中国农场的所有权和租佃》（*Farm Ownership and Tenancy in China*, Shanghai: National Christian Council, 1927）。

找到的最全面的资料，这些资料主要是关于私有产权不受限制时的农业土地使用。中国的经验再加上来自亚洲其他地区的研究结果，将用于本节以及下一章的分析中。但需要注意，我们使用的数据都是来自那些既有的产权制度与我们推导佃农理论的局限条件相一致的时期或地方。因而，本书所研究的战后土地改革不能使用过去20年的亚洲农业数据。

以观察到的事实来验证佃农理论的含义，我们可以进行几个简单的检验。

根据第二章推导出来的佃农理论，给定生产函数，地租分成率取决于土地的肥沃程度以及佃农在其他地方所能赚取的收入水平。特别是，如果（a）土地更为肥沃，或者（b）佃农的投入成本较低，我们应该可以观察到较高的地租分成率。[①]支持这个假说的证据很充分：

1. 根据来自中国（1921—1925）11个地区覆盖641个样本农地的调查，卜凯观察到：

> 如果佃农租种的是小麦地和水田，他要交给地主一半的谷物和秸秆作为地租；如果只是水田，佃农需要交给地主2/5的谷物与秸秆；如果土地较为贫瘠，佃农交给地主的谷物与秸秆仅有3/10。[②]

---

① 这很容易通过第二章的图3来证明。条件（a）可以通过提高q/h来获得，而条件（b）则可以通过降低f/h来实现。无论是在哪种情况下，都可以得到较高的$(q-f)/h$，并带来较高的地租分成率。注意，这些含义同样适用于固定地租合约和分成合约。

② 卜凯（Buck, *Chinese Farm Economy*），第148页。他没有提供更多的信息。

同样，他在贵州省（1929—1930）也观察到：

> 地租分成率取决于土地的肥力。大致上平均而言，上等土地的地租分成率一般为 60%，中等土地的地租分成率为 50%，劣等土地的地租分成率为 40%。[①]

除了这些随意的观察，由立法院（中国，1930）以及内政部（中国，1932）收集的数据也显示出同样的模式。[②]后者的数据已经通过计算整理放在本书的附录B中，因为这些资料涵盖了当时中国22 个省 7 类土地的使用情况。

2. 在台湾，当局于 1949 年规定地租的最高分成率不得超过年产出的 37.5%。这个最高分成率管制适用于所有租佃合约，无论所涉及的农地是水田还是旱地。资料表明，分成租佃制下 99.4% 的水田受到分成率管制的影响；这也意味着，最初的分成率大多高于产出的 37.5%。但是，分成租佃制下的旱地只有 50.9% 受分成率管制的影响。[③]这意味着，在自由市场中，较高的地租分成率通常与较

① 国民政府（Shengching Route Economic Report, 1931），第102页。

② 参见立法院的《统计月报》（Legislative Yuan, *Statistical Monthly*,1930），2.5节；以及内务部的《内务部报告》（Department of Internal Affairs, *Public Reports of Internal Affairs*, 1932），2.1节；5.1节和5.2节。

③ 参见本书第八章中的表4。在日本，1946年开始实行地租分成率管制，水田的分成率最高不得超过产出的25%，上等土地不得超过15%，这反映了水田在自由市场条件下具有较高的地租分成率。参见日本农林省（Ministry of Agriculture and Forestry, *Agricultural Land Reform Legislation*, Tokyo, 1949）。

为肥沃的水田相联系。

3. 而且卜凯还发现，在地主提供部分耕种投入（也即佃农成本较低）的情况下，地租分成率会较高：

> 在分成制盛行的地方，地主得到的分成率介于24.6%与66.6%之间。地租最高的情况，是地主负责除劳力和日常管理之外的一切事务。①

另一份由陈莫程（Ching-Moh Chen）在四个省（1934）所做的调查有类似的结果，若佃农提供非土地投入，地租分成率平均为46.37%；相比之下，在地主提供种子、化肥和耕牛的情况下，则分成率平均为55.98%。②

此外，给定生产函数，每个佃农租种的土地面积取决于土地的肥沃程度以及佃农在其他地方所能赚取的收入。具体而言，如果（a）土地较为肥沃，或者（b）佃农在其他地方能获得的收入较低，则每个佃农租种的土地面积会较小。③同样，支持这点的证据也很充分：

---

① 卜凯，《中国农家经济》（Buck, *Chinese Farm Economy*），第149页。他提供的地租分成率是每一地区（中国的11个地区，1921—1925）样本农地的平均数，引用中的66.6%完全是一种偶然。参见同上，第148页，表2。

② 这些平均数是由陈莫程计算出来的，参见陈（Chen, *Land Rents of Various Provinces in China*, Shanghai: Commercial Press, 1936），第102—103页。

③ 这个条件同样可以在第二章的图3中通过移动q/h和f/h曲线来证明。

1. 在韩国，佃户承租的水田面积在10年间（1929—1938）平均为0.58町，旱地的土地面积平均为0.97町。在同一时期和地区，水田的价格是旱田的2倍半，这证明了水田通常更为肥沃。[①]

2. 根据卜凯的另一份涵盖中国（1929—1933）168个地方16786个样本农家的调查，我们发现：(a) 在土地较为肥沃的水稻种植地区，平均农家土地面积为3.09英亩，而在土地不是很肥沃的小麦种植地区，平均农家土地面积则有5.63英亩；以及（b）在所列举的7类耕地中，一季两熟的稻田是平均面积最小的（2.37英亩），这种稻田一般也是最肥沃的。[②]

转向用税收等价法对分成租佃制所做的分析，参照图5，我们会问：如果A点是正确的均衡点，我们会观察到什么？以下是其中的含义：

1. 与自耕农或者雇用工人耕种的农地相比，我们会观察到，租佃土地中劳动和其他投入与土地之比更低。这也意味着，佃

---

① 安德鲁·格拉达兹（Andrew J. Grajdanzev, *Modern Korea*, New York: Institute of Pacific Relations, 1944）。平均农地面积是由表2中的数据计算得来；土地的价格参见第292页，表5。

② 卜凯（Buck, *Land Utilization in China*），第197页，表23。在第272—273页的表7和表8中，可以看到相同的模式，只是在程度上有些许差异。还要注意，在同上第197页中，自耕农种植的农地面积（户均4.22英亩）大于佃户租种的农地面积（户均3.56英亩）。这是因为所有地方都是水田而不是旱地更多地采用分成租佃制。参见西德尼·克莱因（Sidney Klein, *The Pattern of Land Reform in East Asia after World War II*, New York: Bookman Associates, 1958, p. 229ff）。还可参见卜凯（Buck, *Statistics*），第二章中，表23和表26，以及第七章。

农的单位产出低于自耕农。但是，正如卜凯所观察到的（中国，1921—1925）：

> 通常认为，佃农对土地的耕种不如自耕农的效率高。与这种观点相反，根据对不同类型土地的产出所做的一项分类调查表明，产出的差异在大多数地区并不明显。在少数有差异的地区，调查结果有利于佃农或半自耕农的样本，与自耕农的情况相比差别不大……甚至在一些地方，佃农的土地耕种效率要明显好于自耕农。[①]

根据卜凯的数据，每英亩土地的农作物产量指数如下：自耕农农地为100和101；半自耕农地为99和101；租佃农地为103和104。[②]30年后，没有参考卜凯的著作，詹姆斯·布雷（James O. Bray）也有类似的观察：

> 致力于农业技术进步的发展中国家应该认识到，农业生产力的显著提高主要发生在美国的一些地区，而在这些地区中，占支配地位的土地使用权方式是地主和佃农之间的分成

① 卜凯（Buck, *Chinese Farm Economy*），第156—157页。卜凯显然没有认识到地租分成率是确保有效率耕作的一个变量，转而去讨论“公平”的地租计划。

② 同上。卜凯的调查结果来自中国7个省15个地方的2542个农户样本。佃户的单位英亩产量稍高，或许是因为租佃制中的水田比例较高，他没有觉察到这一点。类似的证据，参见卜凯（Buck, *Farm Ownership and Tenancy in China*）。

租佃安排。[1]

至于耕种的强度，我们从日本的数据（1932—1938）中发现，自耕农平均持有的土地面积为2.22町，相比之下，半自耕农平均为2.1町的土地面积，而佃农的租种面积仅有1.93町。[2]这也证伪

① 詹姆斯·布雷（James Bray, "Farm Tenancy and Productivity in Agriculture: The Case of the United States ," *Food Research Institute Studies*, 1963），第25页。尽管布雷没有提出正式的佃农理论，但传统观点并没有影响他的直觉。他说：

> 资源效率的观点有些学究气……佃户和地主都有激励努力增加他们自身资源的边际生产力……但没有一方能完全实现他们的目的……例如，地主提议棉花的第三轮耕作对他来说是划算的（地主无须承担成本），可能会遇到佃农说，更换新墙纸真的会使起居室大有改善（佃农无须承担成本）。（同上，第27页。）

米勒等人[Walter G. Miller, Walter E. Chryst, Howard W. Ottoson, "Relative Efficiencies of Farm Tenure Classes in Intrafirm Resource Allocation," *Research Bulletin* 461 (Iowa Agricultural and Home Economics Experiment Station, November, 1958), pp. 321-37]也注意到，不同租约并无显著的差异。但本研究没有大量使用来自美国的资料，这是因为，政府不同的农业政策会带来不同的竞争局限，这些局限的变化在不同合约中会以不同的方式影响资源使用。

② 这些平均数是根据安德鲁·格拉达兹（Andrew J. Grajdanzev, "Statistics of Japanese Agriculture," mimeographed, New York: Institute of Pacific Relations, 1941, table 17. p. 32）所提供的数据计算出来的。这些数据来自每个类别大约95个样本的农地。即便使用"壮丁"而不是"每个家庭成员人数"为单位，也可以观察到相同的情况。关于来自台湾的证据，参见本书第七章。

厄尔·赫迪以及厄尔·克尔贝格挑选了74组现金租约和分成租约进行了一个调查（Iowa, 1949）。他们发现，就农地耕作的投入强度而言，"分成合约和现金合约不存在重大的差异"（第661页）。但是，这些作者拒绝接受他们在理论和实证之间存在的冲突，并诉诸其他因素去"解释为何不存在差异"（第661—662页）。他们根据税收分析法得出的结论是，理论上，分成地租的耕作强度一定低于现金地租的耕作强度（第658—660页）。参见赫迪和克尔贝格（Heady and Kehrberg, "Relationship of Crop Share and Cash Leasing Systems to Farming Efficiency," *Research Bulletin* 386, Iowa State College Agricultural Experiment Station, May, 1952），第635—683页。

了税收等价法的含义。租佃农地中有较高的劳力与土地之比，可以用租佃制中的水田占比较高来解释。

2. 由于均衡点A的地租收入较低（按照税收等价法），我们应该可以观察到，租佃土地的市场价格低于自耕农中的土地价格。但证据又一次清楚地推翻了这个含义。我们发现，土地价值的差异主要取决于土地的肥沃等级以及位置，而“三种类型的土地使用权安排（自耕农、半自耕农和佃农）下的土地价值在大多数情况下只有几美元的差异”。[①]而且，如果均衡点在A点，我们会观察到，地主按分成租佃制收取的实物地租（单位英亩地租）低于采取固定地租的情况。然而，如附录B所示，分成地租一般来说稍稍高于谷物地租。[②]我将会在后面指出，这种细微差异可以由地主在分成合约中因承担“风险”得到的支付补偿来解释。

3. 按照税收等价法的含义，我们还应观察到，较高的地租分成率——图5中的$(\partial q/\partial t)(1-r)$曲线向下移动——与租佃农地中单位土地有较少的耕作投入有关。但我们发现的是相反的证据：地租分成率较高的租佃农地往往也有较高的劳力与土地之比。[③]这或者是因为土地较为肥沃，或者是因为佃户在其他地方所能赚取的收入较低，这种情况也符合我们的佃农理论。

---

① 卜凯（Buck, *Chinese Farm Economy*）第156页，没有提供统计数据资料。

② 还可参见立法院，《统计月报》，2.5节。

③ 这在本节的前面做过说明。关于来自台湾的一些间接证据，参见本书第七章和第八章。

4. 最后，如果税收等价法是正确的，我们应观察到，大多数——即使不是所有——佃农将会从多个地主那里租种土地。但是，这种情况较为少见。仅以台湾为例。在1949年，每个佃户只有1.24份土地租约。[①]多出的0.24份租约可以很容易地用第二章所讨论的使用小块的边际土地的情况来解释。与之相对，地主签订一两百份租约是家常便饭。[②]

① 由“中美农村复兴联合委员会”（JCRR）提供的数据资料计算而来，参见《年度报告》，1965年，第35页。

② 《年度报告》中只提供了一小部分统计数据，地主持有超过上千份租约的例子或许是用来强调土地所有权的高度集中。根据吉廷杰（J. P. Gittinger, “Vietnamese Land Transfer Program,” *Land Economics*, May 1957），“在越南土地改革前，据称2170人占有共计976602公顷的土地”。给定“佃农平均持有大约两公顷或稍多一点的土地”，因而每个地主持有的平均租约数量应该超过200份。

第四章　交易费用、风险规避与合约安排的选择

迄今为止的分析主要是建立在交易费用——特别是合约谈判和执行的费用——为零的条件之上。如此推导出来的佃农理论表明，在私有产权局限条件的约束下，不同的土地使用权安排有着同样的经济效率。尽管真实世界中交易费用不为零，该理论还是成功地解释了一系列现象。然而，同样的竞争局限下存在着不同的合约安排，自然产生这样一个问题：在相同的私人产权制度中，人们为什么会选择不同的合约安排？本章的目的是不太正式地提出一个以正交易费用和风险规避为基础的选择理论的分析方法，以此来解释农业中所观察到的合约选择行为。我们所采用的观察资料主要来自中国。

如果一个企业调动多个所有者的生产性资源能提高生产的效率，那么一个组合各类资源的合约就会产生。合约的签订涉及多种形式的部分产权转让，比如出租、雇用或抵押。[①]这类形式的转让

---

① 如果所有资源只能进行断权转让，那么所有企业都将是“所有者”生产。我们在这里并不考虑这种断权转让的合约行为。

以及各类生产要素的相应合作，都是费用高昂的活动。[①]这些费用包括谈判费用以及合约条款的执行（实施）费用。

给定个人财富的分配状态，并假定资源所有者的私人资产组合保持不变，一些所有者会寻求与他人签订合约，将资源组合起来进行生产。[②]要做到这点，存在多种合约安排的形式。对于为何存在着不同类型的合约安排，我们至少可以给出两个原因。首先是自然风险的存在，此处定义为自然界或者世界状态对产值的方差（或标准差）的影响。[③]给定预期产出（签约各方的总收入）的方差为正，不同的合约安排意味着合约当事人之间存在着不同的收入方差分布。在风险规避的假定下，人们会寻求规避风险，只要这样做的成本小于收益。规避风险可以采取多种方式，比如搜寻关于未来的信息（即便付出无穷大的成本也未必能够获得），选择风险较低的投资项目（包括资产多样化），或者选择将风险分散给其他人的安排——比如保险和多种合约安排。最后这项也是本章所关心的问题之一。存在多种合约安排的第二个原因与不同合约所涉及的不同交易费用有关。交易费用不同是因为要素和产出

① 罗纳德·科斯，“企业的性质”（Ronald H. Coase, “The Nature of the Firm,” *Economica*, November, 1937）。

② 资产组合的选择是一个复杂的问题。理论上已经提出的两个分析思路主要集中于一般价格水平的预期变化和风险规避。交易费用可能代表着第三种思路。

③ 尽管这个概念便于将风险处理成可度量的变量，可以较为方便地用观察到的事实进行验证，但它也存在一些理论上的问题。比如，参见杰克·赫舒拉发（Jack Hirshleifer, “Investment Decision under Uncertainty: Choice-Theoretic Approaches,” *Quarterly Journal of Economics*, November, 1965）。

的自然属性不同，制度安排不同，不同的合约条款要求在合约执行与谈判的过程中付出的努力不同。[①]

让我提出以下假说：合约安排的选择是为了在交易费用的约束下实现分散风险而获得的收益最大化。我先阐释这个假说，稍后用一些观察到的事实对此进行验证。

任何资源都存在着多人为其所有权而展开竞争。每个潜在的购买者或使用者不仅具备资源多种用途的知识，而且也掌握着资源在不同生产安排的过程中所涉及的不同交易费用的知识。假设市场上的竞争性交易不存在信息问题，[②]资源最终会被配置给通过使用资源实现其最大价值的所有者。这样，市场上对所有权的竞争以及所有权的可转让性就为签约活动带来了两项重要功能。首先，竞争汇聚了全部潜在所有者的知识——关于各种合约安排和资源使用的知识，产权的可转让性确保了最有价值的知识会得到利用。其次，潜在合约参与者之间的竞争，以及资源所有者能够转让其资源的使用权，降低了合约中规定条款的执行费用。这是因为，竞争各方将会时刻准备提出或接受类似的条款。总之，在签订合约将资源投入生产的过程中，市场中的竞争行为降低了寻找最有价值生产项目的费

① 交易费用可能也取决于其他因素，比如参与者的人数以及交易频率，对此我在这里将不做考虑。价格变动以及创新也会影响交易的各项费用。例如，参见西奥多·舒尔茨（Theodore W. Schultz, *Transforming Traditional Agriculture*, New Haven: Yale University Press, 1964），第十一章。

② 关于市场信息问题的分析，参见乔治·施蒂格勒（George J. Stigler, "The Economics of Information," *Journal of Political Economy*, June, 1961）。

用。交易费用是一个决定性因素，但它同时也被决定着。

在没有交易费用的情况下，资源配置的最优状态是不可能通过资源再配置让一方受益的同时不让另一方受损（即帕累托条件），这意味着资源使用满足我们所熟悉的那组边际等式。不过，即便存在着交易费用，与帕累托条件相一致的资源配置不一定必需满足那组边际等式。①尽管很难（即便不是完全不可能）将不同类型的交易费用区分开来，但将两类因交易费用而产生的边际不相等的情况区分开来还是有益的。

第一种边际不等可以认为存在于企业间，即在不同的企业或者不同的用途中，同样的要素投入具有不同的边际生产力。例如，由于存在交易费用，市场上的要素价格可能不完全相等，同时购买者的出价也可能不同于出售者的要价。这些价格上的差异导致同一要素投入在不同的企业中可能具有不同的边际生产力。如果交易费用高到资源无法转让，资源的价值就只能以非货币的形式表现出来。

第二类边际不等可以认为存在于企业内，即企业内使用的要素，其边际产出可能因为存在交易费用而与其边际成本不等。让我做进一步的说明。考虑这样一种合约：以一次性支付的方式使用资源，但对资源的使用量不做规定。例如，地主对佃农使用他的稀缺的水资源仅收取一次性固定费用，并允许佃农自由使用水量。之所

① 哈罗德·德姆塞茨（Harold Demesetz, "The Exchange and Enforcement of Property Rights." *Journal of Law and Economics*, October, 1964），德姆塞茨的一项重要工作是对弗朗西斯·巴托（Francis M. Bator, "The Anatomy of Market Failure," *Quarterly Journal of Economics*, August, 1958）进行了重新解释。

以有这样一种安排，是因为（通过水表或其他设施）量度水的使用量所涉及的交易费用或者执行费用太高了（比如由于水的物理性质），以至于其他安排是没有效率的。[①]在这种合约的支付方式中，水资源会被佃农使用到边际产出等于零的水平，即便水的边际要素成本仍然为正。但是，如果资源使用的边际不等是因为涉及不同的签约费用，那么这并不意味着资源使用是无效率的。实际上，如果选择另一种合约安排所带来的收益（比如按照水量的单位价格进行支付的合约）大于对水使用量进行计量的费用，人们就会安装一些计量设备，而放弃一次性支付固定费用的合约。[②]

因此，在附加交易费用的局限条件的约束下，有效率的资源配置要求每种资源都用于能实现最大价值的选项上。这个选项的价值可以用效用或财富来量度，取决于是否存在市场价格。但是，由于交易费用可能也取决于各种不同的法律制度，“价值最大的选项”并非总是一目了然。我将在本章结尾处对此做更多说明。

交易费用的存在似乎至少有三个影响：首先，它往往导致交易

---

① 类似的安排也可能发生在消费领域中。比如在公寓出租的过程中，设施的成本往往是加在公寓租金上来“支付”的；又如，在顾客支付一次性费用后，餐厅的自助餐允许顾客随便吃。

② 在一次性支付的情况下，企业内的边际不等也会导致企业间的边际不等。例如，如果同样的水资源在其他用途上的合约是按量计价来收费的，那么一次性支付时水的边际产出与之相比会较低。

这里所说的边际量是指如果交易费用为零，在每个边际处均相等的边际量。如果我们忽略角点解（正如一次性支付例子中所隐含的那样），将交易费用考虑进来以得到另一组不同的边际等式，就可以界定另一组不同的边际量。

量的减少，因而对专业化生产以及资源使用带来不利的影响；其次，它可能影响资源使用的边际等式（以及资源使用的强度）；最后，它会影响合约安排的选择。最后一个也是我们这里主要考虑的问题。

A. 农业中的合约选择

考虑农业中三种主要合约形式：固定租金合约（每英亩土地的租金是以现金或农作物来支付的）、分成合约以及工资合约。在私有产权下，签约各方可以自由选择这些不同形式的合约。在不同的地区，所观察到的合约选择模式存在较大的差异。例如，在农业土地改革之前，台湾地区和东南亚的分成合约要比固定地租合约更为常见；在中国20世纪30年代，固定地租出现的频率要比分成地租高；在日本，固定地租占据主导地位；一般来说，工资合约较为不常见，在不同的地区，工资合约（农场工人）占所有农户的比重大体介于1%至5%之间。[①]为什么合约的选择模式存在差异？决定合约选择的原因究竟是什么？

任何将不同所有者的资源组合起来进行生产的合约，除了涉及谈判费用，还包括根据合约条款控制投入以及分配产出的执行费用。整体来看，与固定地租或工资合约相比，建立在分成基础之

① 对于中国的情况，参见卜凯（J. L. Buck, *Land Utilization in China*, Chicago: University of Chicago Press, 1938），第198页；对于日本，参见多尔（R. P. Dore, *Land Reform in Japan*, London: Oxford University Press, 1959）；对于亚洲其他地区，参见第一章引用的资料，第7页脚注①和第9页脚注①。

上的合约似乎涉及更高的交易费用（谈判费用和执行费用）。分成租佃合约中的条款除了其他合约常有的内容之外，还包括地租分成率、非土地投入与土地投入之比以及种植的农作物类型。[①]这些都是由地主和佃农共同决定的。但在固定地租和工资合约中，给定市场价格，签约一方能够独自决定另一方应该使用多少资源以及耕种什么样的农作物。另外，由于分成合约中的产出分配是基于实际的产出，地主需要投入精力以确保收成。因而，与固定地租或工资合约相比，分成合约所涉及的谈判和执行活动更为复杂。

固定租约和工资合约在交易费用方面的排序似乎是不确定的。由于土地是有形之物，对合约规定的土地投入进行监管的费用一般要低于对劳动的监管费用。也就是说，若既不监管投入也不核查产出，工资合约中（在分成合约中也一样）就会存在劳动的“卸责”（shirking）行为，而防止这种卸责行为的费用很高。[②]与土地投入有关的卸责问题在固定地租合约中并不是很明显，但在固定地租或分成合约中，对地主拥有的土地和其他资产的维护进行监管（或执

① 参见第二章。来自中国的分成合约样本（参见下一节）与该判断是一致的。

② 对于分成合约中佃户的投入量倾向于比合约规定的水平要低的情况，参见第三章C节。由于卸责问题以及相关的执行费用，针对劳动采取不同合约支付形式似乎是一个从来没有被探索过的重要问题。例如，如果监管产出的费用低于监管投入的费用，件工合约会优于按小时计薪的工资合约。然而，工人在件工制下倾向于马虎，并生产质量较低的产品。因而，如果由于产品的物理特征使得监管产品标准的费用较为高昂，件工合约会变得不那么受欢迎。类似的，当产出的价值取决于每个销售环节的工作强度时，佣金支付（如保险销售员）会优于其他支付形式；当销售服务的质量非常重要时，小费支付（如餐厅服务员）要优于其他形式——在以上任一情况中，监管工作投入的“强度”和“质量”的费用显然是相当高的。

行）的费用高于工资合约中相应的监管费用。[①]如果我们接受以上的推理（有待经验证实），且仅考虑交易费用，那么交易费用的最小化意味着，人们将永远不会选择分成合约。那么，为什么分成合约在实际中会被选择呢？

假设交易费用为零，或者所有形式的合约所涉及的交易费用都一样。我们假设人的行为是要规避风险的，其定义是指这样一种情况：给定预期的平均收入，人们偏好较低的方差而不是较高的方差。在农业中，生产函数的外生变量（比如天气条件以及虫害）是很难预测的风险因素，且可能会对产值的方差产生显著影响。在固定地租合约中，佃农承担大部分（即使不是所有）风险；而在工资合约中，大部分（即使不是所有）风险落在了地主身上。这样，我们可以将分成租佃看作一种分担风险（或分散风险）的工具，也即，产出收成的方差由签约双方共同分摊。给定风险规避的行为假设，地主和佃户将会共同接受分成合约。[②]但是，任何土地使用权

---

① 例如，除了园主自耕之外，园艺业中的合约形式通常是工资合约或件工合约。这可能意味着，在园艺业中，园主亲自管理与使用固定租金合约相比，对园艺资产的监管费用会较低。另一方面，可以预料到，当耕种的土地规模很大，由于监管劳动的费用很高，工资合约将很少被采用。

② 这个结论隐含在有些经济学家的观点中。参见威廉·夏普（William F. Sharpe, “Capital Asset Prices: A Theory of Market Equilibrium under Conditions of Risk,” *Journal of Finance*, September, 1964）；杰克·赫舒拉发（Jack Hirshleifer, “Investment Decision: Choice-Theoretic Approaches”；“Investment Decision under Uncertainty: Applications of the State-Preference Approach,” *Quarterly Journal of Economics*, May, 1966）。借助埃奇沃思·鲍利方框图（Edgeworth-Bowley box），由当下的状态偏好法以及均方差方法推导而来的“风险交易”模型显示，风险分摊是首选——如果我们忽略交易费用的话。

安排都在不同程度上存在风险。那么，究竟是什么原因导致人们选择固定地租和工资合约呢？

我认为，合约选择的问题应该同时使用交易费用差异和风险规避这个双重假设来分析。给定与特定产出对应的风险状态，较高的交易费用意味着生产性资产具有较低的收益。另一方面，给定交易费用，风险规避意味着资产的价值和收入的方差是负相关的。[①]分成合约的风险分散功能本身会使合约资源的价值更高，而较高的交易费用则会使资产价值下降。追求财富最大化（或效用最大化，取决于有关的量度问题）意味着，能够给合约资源带来最高价值的合约安排将会被选择。

给定产值的方差和地租分成率，分成合约为签约各方预设了一个特定的收入方差分布。以签约各方的偏好函数而论，有关的风险分散状态未必是最理想的。毕竟，分散一些风险比风险完全没有分散的情况要好，而且如果较高的交易费用至少可以从分散风险的收益中得到补偿，那么人们就会选择分成合约，而非固定租约或工资合约。当然，实际中还是存在其他安排使得风险分散可以适合每一种情况。但正如我在下一节将要讨论到的，这样的安排虽然比分成合约更有弹性地分散风险，但其交易费用极高，并不可取。

---

① 关于市场中资产定价和风险溢价的理论分析，参见夏普（Sharpe, "Capital Asset Prices."）。

有证据可以支持以上分析的适用性：

1. 由于分成地租中的交易费用比固定地租中的情况要高，第三方就有空间为农产品的产量提供担保。也就是说，如果第三方（保险公司）能够为预期的平均产出水平提供担保，签约各方将会选择固定租金合约，同时愿意向保险公司支付一笔款项。这笔款项不高于所节省的交易费用加上风险溢价，该风险溢价是为了换取一个与分成合约中变化不定的收入相比更为稳定的收入。然而，如果不是政府起着主导作用，我们很少会发现这样一种农产品保险合同。原因或许是，保险的交易费用太高不值得进行这种交易：保险代理人需要核查的不仅是农产品的实际产出，还包括非土地的投入量。然而，康斯坦蒂娅·麦克斯韦尔从法国的佃农制度（分成租佃制）观察到：

> 法国农庄主的通常做法是，保留城堡以及附近的土地供自己使用，而把其余的土地整批地出租给中间商或承包商（与承包经营者不同），这些承包商向地主支付固定金额，向佃农或世袭租户征收地租，在自担风险的情况下获取个人利润。某些承包商像地主一样并不亲自管理，通过次一级的承包商来管理地产。[①]

① 阿瑟·扬（Arthur Young, *Travels in France during the Years 1787, 1788, and 1789*, ed., C. Maxwell, Cambridge University Press, 1929），第395页，“编者按”。

在这个例子中，我们可以看到承包商作为第三方在地主和佃农之间穿针引线，并为前者提供一个更加稳定的收入。[①]据我所知，中国没有类似的安排，尽管流行另外一种做法（参见下一节）。在日本，分成租佃非常少见；与此同时，政府推行强制性的农作物保险制度。[②]

2. 在中国，据称分成租佃在小麦产区比在稻谷产区更为普遍。我们从台湾的小麦与稻谷的单位公顷产量数据中发现，小麦产量的比例方差要大大高于稻谷。如表 1 所示。尽管产值可能是一个更为合适的指标，但由于缺乏价格方面的资料，我们只计算了实际产量的方差。

① 仅以风险规避来解释承包商的存在，似乎尚无定论。罗纳德 · 科斯曾经对我说过，承包商（fermiers）在英国类似于“征税承包人”（farmers），主要为女王征收税款和邮政收入。对于英国存在的“征税承包人”，科斯的解释如下：收税代理人被允许获得他所征收到的收入与他必须支付给女王的税收之间的差额，这样他就比拿着死工资有更大的激励去实现税收最大化。

我认为，这个解释是正确的，也可以换种方式来表述：给定其他不变，交易费用的不同是因为不同的合约规定要求在执行和谈判的过程中付出的努力不同；“承包商”合约比工资合约涉及更低的执行费用。因而，法国的承包商既可以被看作“征税承包人”，也可以被看作“保险”代理人。

② 参见小仓（Takekazu Ogura, ed., *Agricultural Development in Modern Japan*, Tokyo: Japan FAO association, 1963），第十三章。我一直没有找到日本在引入强制性农作物保险制度之前分成合约的占比数据。

表 1　台湾 1901—1950 年小麦和稻子每公顷土地的产出均值（μ）和比例方差（$\sigma^2 p$）

（单位：公斤）

数值	作物	时间				
		1901–1910	1911–1920	1921–1930	1931–1940	1941–1950
μ	小麦	880	710	759	1058	625
	稻子	1318	1379	1588	1927	1648
$\sigma^2 p$	小麦	291	118	357	1180	1158
	稻子	31	32	46	62	180

来源：根据"中美农村复兴联合委员会",《台湾农业统计，1901–1955》（台北：1956 年，第 20 页和第 24 页）的数据计算而来

在表 1 中，$\sigma_p^2=\frac{\sum_{i=1}(\frac{x_i}{\mu}-1)^2}{n}$，此处$X_i$代表每公顷产出，单位是公斤，$n$为年数。小麦地区使用分成合约的频率较高似乎是一个普遍现象。[①]

3. 根据在中国（1930—1935）所做的三个独立调查，分成地租通常要稍高于固定（谷物）地租，[②]这个溢价可以看作是地主

① 比如，参见卜凯（J. L. Buck, *Land Utilization in China*），第198页；以及詹姆斯·布雷（James O. Bray, "Farm Tenancy and Productivity in Agriculture: The Case of the United States," *Food Research Institute Studies*, Vol. 4, No. 1, 1963）。

② 参见附录B；内务部，《内务公报》（Department of Internal Affairs, *Public Reports of Internal Affairs*），1932年，第2卷；立法院，《统计月报》）（Legislative Yuan, *Statistical Monthly*），1930年，第2期，第5页；以及Shu-Ching Lee（"The Heart of China's Problem, the Land Tenure Systems," *Journal of Farm Economics*, October, 1946）。

承担风险所得到的回报。

让我总结一下。如果只用风险规避假设或者交易费用最小化假设，我们就很难解释所观察到的多种合约形式共存的现象。为此，我将两者合并起来处理，合约的选择取决于在分散风险所获得的收益与不同合约涉及的交易费用之间的权衡。要解释不同地区存在着不同的合约选择模式，两种因素看起来都很重要。首先，农作物的不同自然属性以及不同的天气条件常常导致产出在不同农业地区存在不同的方差。其次，不同的法律安排——比如强制性或补助性的农产品保险——既影响收入的方差，也影响签约各方所涉及的交易费用。我们将会在下一节考察合约细节问题的时候提出第三个因素：不同的市场安排对合约的选择也会产生影响。

B. 固定合约与分成合约的特征（中国，1925—1940）

在本节以及下节中，我将对在固定合约和分成合约中所观察到的条款规定进行详细分析。这有助于说明这样一个假说，合约安排的选择是为了分散风险以及最小化交易费用，而且还可以进一步证实我们在上两章中推导出来的佃农理论。我所使用的资料主要来自中国，时间大致介于 1925 至 1940 年之间。选用这些资料，不仅是由于它们容易获得，而且也是基于这样一个事实：在这一时期，中国93%的农地为私人所有。[1]让我先从翻译几个固定地租合约的样本说起。

样本a——租期确定的固定（农作物）地租合约（山东省）：

> 土地承租人A向地主B承租位于C地点的（若干亩）土地。在此当着证人D的面商定，每亩年租金包括（多少斤）小麦、（多少斤）小米、（多少斤）大豆和（多少斤）印第安玉米。以小麦支付的地租应在收获后的一个月缴付，秋季作物在秋收后的两个月缴付。在荒年，地租的支付根据当地的惯例予以（向下）调整，租期为（多少年）。[2]

样本b——租期不确定的固定（农作物）地租合约（江西省）：

> 我们立约规定铁板（严格固定的）租……不论年成好坏，地租都不得有任何消减……若地租少交或晚交，地主可以随时收回其土地及现有的全部农作物，并与新承租人签订耕种合约……而且，承租人每缴纳100斤作物给东家，地主须向承租人支付20个铜钱。[3]

---

① 卜凯（J. L. Buck, *Farm Ownership and Tenancy in China*, Shanghai: National Christian Council, 1927）。

② 国民政府统计局，《中国土地使用制度的统计分析》（National Government, Statistics Department, *Statistical Analysis of Tenancy Systems in China*, China: Cheng Chung Book Store），1942年，第52—53页。

③ Pe-Yu Chang和Yin-Yuen Wang，《中国农村租佃制问题》（*Questions of Farm Tenancy in China*, Chungking: Commercial Press），1943年，第68页。

样本c—地主提供非土地耕种投入的固定（农作物）地租合约（青海省）：

> 地主提供（多少斤）种子、（多少头）水牛、（多少头）驴，以及所有必需的耕种设备。耐用性资产只限于（承租人）使用，不得损坏或丢失……租约到期时必须归还给地主，不得延误。在荒年，可按当地惯例对（上述）地租进行调减。[①]

以上固定（农作物）地租合约是我所能发现的最具代表性的样本。除了现金租约中租金是以货币为支付单位之外，农作物地租合约与现金地租合约在所有方面几乎完全一样。[②]根据土地资源委员会收集的覆盖中国22个省的观察数据，现金地租一般稍低于农作物地租。[③]这个差异可以由地主分摊了土地承租人承担的产品销售成本来解释。我们还要注意，由于1937年爆发抗日战争以及1938年的通货膨胀，13.3%的现金地租转换成了农作物地租，而15.3%的现金地租转换为分成地租。[④]当然，这个事实与交易费用最小化也是一致的。在通货膨胀中，现金租约的再谈判较为频繁，因而费用也更高。

---

① 国民政府，《统计分析》（National Government，*Statistical Analysis*），第54—55页。

② 同上，第53—54页；以及Chang and Wang（*Questions of Farm Tenancy*），第67—70页。

③ 土地资源委员会，《中国经济年鉴》（Department of Real Estates, *China Economic Yearbook*, China, 1936），第G62—83页。

④ 行政院，《土地产权的变化》（Executive Yuan, Changes in Land Rights, China, 1942），第2期。该数据采集自14个省在1938年的样本合约。

固定租金合约的特征没什么特别意义，但有一个特征要单独拿出来详细讨论：合约里往往有在“灾年”的时候根据“当地惯例”减租的条款（参见样本a、c），而这在“铁板合约”中是没有的。我们把这个条款称为租户的免责条款，固定租约中包含这样的条款使得地主承担了一定的风险。

我们可以将“当地惯例”解释为一组为“灾年”进行调整的市场价格，尽管合约签订时并没有规定减租的具体幅度。只有在“很差”的年份，市场普遍认为是“灾年”的时候，免责条款才会生效。假设存在足够多包含免责条款的固定地租合约，为了留住租户，地主之间的竞争会产生一个每位地主都会遵从的市场减租比率。假设其他因素一样，免责条款使得地主所承担的风险增加，这意味着固定地租比“铁板租”要多加一个风险溢价。①

尽管固定合约通过免责条款转移风险与分成合约中的风险分散并不太相同，但我们可以想象通过免责条款来构成分成合约。假设“灾年”被定义为：由于自然的原因，实际收成减少到预期平均产出的某个百分比。固定地租中的租户有权选择一个“铁板租”合约，或者向地主支付一个“保险”溢价以购买“免责”权利——这样在出现“灾年”的时候，所支付的地租就会根据市场规则减少某个百分比。

进一步讨论。市场可能存在不止一个免责条款，而是有一系列类似的条款，每个免责条款对应程度不同的“灾年”，租户可以向

① 不幸的是，我还没有找到能够证实或证伪这个结论的数据资料。

地主支付不同的溢价来获得任一或者几个这样的免责条款。这样，风险负担就能够以无穷多的方式分散在签约各方，且每种安排均略为不同。如果就这些不同的免责条款进行谈判和交易的费用为零，这种假想的世界或许就会存在。但是，由于交易费用随着免责条款的增加而增加——特别是，市场上界定不同程度的“灾年”的费用，以及对每种“灾年”应减租多少进行谈判的费用——增加免责条款所带来的收益可能很小，市场不会再产生出更多“惯例”。不过，分成合约就是这样一种替代办法，这种合约提供给租户多个隐性的“免责”条款，因而地租的支付就不再是固定的了。①

由上面的分析，我们可以推出与交易费用和风险规避有关的两个含义。首先，我已经指出分成地租的交易费用要高于固定地租的（有待事实验证）。由中国观察到的合约安排表明，大量免责条款的交易费用高于分成合约的交易费用。理由是，大量免责条款要比分成合约有着更大范围的风险分散选择，但我们只观察到一个免责条款。显然，合约选择的范围是受到交易费用的限制。其次，正如前面所提到的，数据显示，分成地租因地主多承担了风险而稍高于固定地租。我猜测，如果分成合约中采用一种免责条款使得租户收入的方差减少至零，那么地主的收入可能更高。尽管这看似纯属想象，但我们发现这样一个免责条款在真实世界中的确存在，隐藏在了工资合约的名义下。

① 注意，地主在分成合约中不仅分担了坏年景可能会有的损失，而且也分享了好年景的收益，这些收益减少了部分风险溢价。

关于免责条款在不同合约中出现的频率，现有数据并没有推翻我的观点。1935 年由南京金陵大学所做的、覆盖中国四个省份的一项调查表明，83% 的农作物（固定）地租合约以及 63% 的现金（固定）地租合约采用了免责条款（正如合约样本 a 和 c 那样），而分成合约中根本没有免责条款。[①]正如我们所料，农作物地租比现金地租更多地采用了免责条款。收成普遍不好时，农产品的市场价格通常会上涨，租户的收入在现金地租的情况下将会因为市场价格的上升而比农作物地租得到更多补偿。因而，此时采用免责条款对租户便不那么有利。

市场上存在免责条款意味着，在其他因素相同的情况下，选择固定地租合约的频率要高于分成合约。在中国以外的东南亚国家，免责条款在土地改革之前并不普遍。然而，那里伴随着分成合约而存在的是最低地租或最低工资的保障条款。如果有更多的资料，这些保障条款同样可以用我们所建议的选择理论方法来分析。不同的市场做法部分地解释了为什么东南亚使用分成合约的频率高于中国。实际上，法国佃农制度中的承包商、中国与固定地租相伴的免责条款以及其他地区与分成地租相伴的最低保障条款，都是不同的市场做法，介于完全固定地租和完全分成地租之间，是一种中间性安排。其中每一种都涉及不同的风险分布与交易费用，因而拓展了合约安排的选择范围。至于为什么在不同的市场条件下存在不同的

① 参见南京金陵大学，《四省区的地租制度》（University of Nanking, *Rental Systems in Four Provinces*, Nanking），1936年，第65—67页。

中间性安排，我不打算探讨这个问题。

转向中国分成地租的合约样本，我们发现，与固定地租合约相比，分成合约对租户的投入以及耕种农作物的种类有更多规定，因而更为复杂。

样本d——所有农作物的分成率都一样的分成合约（山东省）：

> 佃户A同意租种地主B（多少亩）土地。特此拟定佃户A提供（多少头）水牛、（多少）劳力；佃户必须每年种植一茬小麦、三茬印第安玉米和两茬大豆。肥料费（按一定比例）各自分摊。所有作物的收成也（按一定比例）分享。租约只有在秋收之后才能终止。[①]

样本e——有着不同分成率的分成合约（河南省）：

> （有关土地面积和非土地投入的规定）……特此商定，小麦产量以二八分成，小米、黄豆、芝麻、绿豆以三七分成，棉花、红薯对半分成……谷草、豆茎、芝麻茎以三七分成。[②]

样本f——一些产品不参与分成的分成合约（河南省）：

> 佃户A……自愿提供（多少）劳力、（多少头）水牛和驴……以及所有农具……我们明确约定，主要作物的种子由地

① 国民政府，《统计分析》（National Government, *Statistical Analysis*），第54—55页。

② Chang and Wang（*Questions of Farm Tenancy*），第63页。

> 主提供，次要作物的种子由佃户提供。所有农作物的收成在晒干、清理杂物后对半分成……但稻草全部留给（佃户的）水牛；地上的遗落物归属地主的土地；……全部的肥料费用由双方均摊。所有的碾磨设备和居住房屋由地主提供，佃户自行修理使用。这些资产在租约作废时必须全部归还地主。[①]

关于分成合约，有几点应注意。第一，佃农理论（参见第二章）的含义是，合约中明确规定了佃农的投入量以及所种植的农作物种类。[②]但证据显示，真正核查的只有实际产出，因为地主可以通过与邻近农场对比或根据过去的经验，来确定合约条款是否得到履行：

> 不亲自管理的地主要么派代理人，要么亲自去地里估算产量，佃农缴纳地租的比例以这一估算为基础。这些人估算产量的经验十分丰富，所估算的产量非常接近于真实产量。……（佃农）欺骗地主的方法通常是在交租之前巧妙地隐藏部分粮食，或向地主交一些劣质谷物。另一方面，地主或他的代理人也经常会使用大斗来收租。代理人去收租时，佃农不得不殷勤地招待他，而且常常不得不贿赂他，以便下一年能继续租种土地。[③]

---

① Chang and Wang（*Questions of Farm Tenancy*），第63—64页。

② 在第二章撰写之际，我并没有看过分成合约的样本。当时我曾经根据经济理论推测，佃农投入是在分成合约中规定好的，但我并没有提及耕种多种农作物的规定，因为那里我们假设双方只约定生产一种产出。

③ 卜凯（J. L. Buck, *Chinese Farm Economy*, 1930），第149—150页。

虽然这段引文可能有点夸大，但一个具备专门耕作知识的边际内佃农（因而产量高于边际佃农），的确能够将他耕作技能所带来的归属地租（imputed rent）全部“隐藏”起来，同时又能保住租佃权；代理人则以收受“贿金”的方式从地主和佃农那里赚取执行费用，但要以其他与之竞争的代理人也能赚到的为限。这也证实了我的观点，即：分成合约的交易费用要高于固定租约的交易费用。

分成合约的第二个特点是，它精确地、有时是繁琐地界定合约当事人之间的资源权利，这表明投资成本的分摊可以随地租分成率的变化而调整，从而实现有效率的资源使用。这一点与我在第二章中得出的结论是一致的：地主可能要求佃农对土地进行较多的投资而收取一个较低的地租，或者自己对土地进行投资而收取较高的地租。只要投资能带来较高的年地租，那么投资就会以这种方式或那种方式进行。

分成合约的第三个特点是，在同一份合约中，不同的农作物可以有不同的地租分成率（见样本e）。佃农理论的含义是，地租分成率取决于佃农投入的机会成本以及土地的相对肥沃程度。由于不同农作物通常需要不同的佃农投入与土地之比，因此不同农作物的地租分成率在同一份合约中也是不同的。但是，任何一组针对不同农作物的地租分成率，也可以采取适用于所有农作物的（按加权平均的方式算进时间成本的）单一地租分成率来表示，二者带来的租金回报现值是一样的。显然，选用单一地租分成率将会更为便捷（见样本d）。然而，如果佃农在收成较坏的年份随时面临被解除租佃关系，那么针对不同季节收获的农作物制定单一的地租分成率，在解除租佃关系的时候就有可能产生纠纷或重新谈判。我们发现，单一地租分成率往往出现在那些有具体期限的分成租约中，而在没有规定具体期限且采用多种地租分成率的租约中，对同一季节收获的不同农作物通常会采用单一地租分成率（见样本e）。

我们可以引述两位中国学者（他们对租佃耕作持批评态度）的话来概括一下分成合约的特征：

> 在分成租佃制下，每次收获后的产量都要按地主和佃农共同商定的比例分成。除了宅地之外，佃农被要求在几乎所有指定的土地上从事农作物耕作。有时，佃农甚至被要求提供农具……以及支付其他费用。地主和佃农共同决定每种农作物的耕种面积……除此之外，地主唯一控制的管理事项只限于土地资产的永久性改善。最后这个特征与固定租约相一致。①

① Chang and Wang（*Questions of Farm Tenancy*），第49页。对于类似的观察，参见陈莫程，《中国不同省份的地租》（*Land Rents of Various Province in* China, Shanghai: Commercial Press, 1936）；Chi-Ming Chiao，《中国农场社会和经济研究》（*A Social and Economic Study of Farm Villages in China*, Nanking: University of Nanking, 1938），第9章；以及中国经济研究所，《中国近代农业史资料：1912—1927》（China Economic Research Department, *Source Materials of Recent Chinese Agricultural History*, 1912—1927, Peking: United Book Store, 1957），第89—95页。

C．租约的期限

对中国（1934年）8个省共计93个县的调查表明，租约期限的分布如下：29%的分成合约是不定期的（即不规定期限，通常是每次收获后便到期），一年期租约占25%，2—10年期租约占27%，10—12年期租约占8%，永久性租约占11%。[①]需要注意两点。第一，租约的期限规定仅意味着，只要合约条款为各方所遵守，租佃关系就不会被终止。租约期限的规定并不妨碍双方在租约期内进行重新谈判。第二，短期租约的频率一直被用来指代租佃的周转率，但应指出的是，租约到期与租佃关系的解除并不是一回事。现有的资料表明，租佃关系解除的频率并不是很高。[②]

在关于土地使用权的文献中，常有两个论点用来说明期限短于10年的租约是无效率的。[③]一种论点认为，短期租约给佃农带来不安全感，由此损害他们耕作的积极性。实际上，尽管佃农并不希望他们的租约无保障，但这种无保障对耕作活动实际上也是一种激

① 这些比例的计算来自土地资源委员会，《中国经济年鉴》（Department of Real Estates, *China Economic Yearbook*, Shanghai: Commercial Press, 1935），第G101—104页。10年之后，在同样地区所做的类似调查也得出同样的分布模式（同上）。

② 根据行政院于1937年所做的覆盖中国14个省份的调查（《土地权利的变化》），7.5%的租约在该年被解除。但是，由于同年开始的通货膨胀，这里所引用的百分比数据可能会高于之前年份的水平。对于因抗日战争引发的价格上涨，参见Chang and Wang（*Questions of Farm Tenancy*），第9章。

③ 参见第一章所引用的资料，第7页注①和第8页注③。

励。[①]另一种论点认为，短期租约抑制了对土地的投入。但这种论点被以下的事实所推翻，即：在每英亩产出上，租佃农地并不逊于自耕农地。而且没有证据表明，在中国，租佃制的生产率因租约期限的长短而有所变化。

根据定义，任何私有资源的权利都是可转让的、排他的。投资于土地以及其他资产上的资源的权利也不例外。在租约的签订过程中，作为参与方的资源所有者在谈判时有接受或拒绝合约条款的自由。同样，选择什么样的合约租期也不例外。因而，这里问题的关键并不是“短期”租约是否无效率，而是为什么人们会选择不同期限的租约。

在一个没有交易费用、没有风险的简化世界中，保障和转让私人投资所产生的收入权不需要任何费用，且合约中条款的变更可以在任何时间不花任何费用地通过谈判来完成，此时不仅租期没有意义，而且关于租期的明确规定也是多余的。如果把交易费用考虑进来，我认为租期的选择一定是为了实现交易费用的最小化。为此，有必要区分“长期”租约和“短期”租约在交易费用方面的各自优势。

---

① 阿尔钦曾经认为，“长期”合约的产生源自对安全的需要。但是，他的分析是基于非私有的产权制度，获取安全的私人费用相对较低。参见他的论文（Armen Alchian, “Private Property and the Relative Cost of Tenure,” in *The Public Stake in Union Power*, ed, Philip Bradley, University of Virginia, 1959），第350—371页。

相对长期的租约选择

选择一个相对长期的租约可以节省佃农附着于土地上的资产的转移（或交易）费用。解除租约时，资产的物理属性不同，涉及的移动费用也不同。比如在租约解除之后，与在水利改良方面的投入相比，承租人所拥有的用来碾磨稻谷的水牛更为容易移动。当然，地主自己可能也会在水利灌溉方面进行投资，或者他还可以买断承租人所做的改良投入。[①]然而，实物资产的转移费用不一定是要考虑的主要费用。承租人可以将他已投入的资源的财产权利按市价转让给第三方，或转让给地主。

然而，实物资产的移动费用不一定是要考虑的主要费用。承租人可以将他已投入的资源的财产权利按市价转让给第三方，或转让给地主。问题是，由于存在交易费用，这样一种价格可能根本不存在，或者在短期内无法获得。我们只需指出，就使用过的资产对其残值进行评估是要花费费用的；地主可以选择新的承租人来签约，而不与愿意购买该资产的人签约……租期够长可以减少有关的争议，以及转让承租人财产权利的预期费用。然而，这样的选择是以牺牲短期租约所具有的成本优势为代价的。

---

① 两个独立的调查（中国，1921—1924和1935）显示，在租佃农地中，地主拥有大约60%—70%的住房资产；佃农拥有75%的牲畜和大约95%的农舍。自耕农和佃户拥有的非土地资产的总价值差不多一样。参见国民政府，《统计分析》（National Government, *Statistical Analysis*），第99—116页。

以上的观点可以在有关中国的永久性租约的考察中得到支持：

> 在永久性租约中，地主拥有土地（地下）所有权，承租人拥有土地的地上权……这两种权利是互相分离的。永久性租约仅限于出现在以下情形：（1）承租人开垦（私人拥有的）荒地，并将荒地转变成农田，由此从地主那里获得对地上的永久（所有）权。（2）承租人对土地进行永久性的改良……例如，在原来是沙地的田地上建造水土保持设施……（3）……在劳力稀缺而土地丰裕的地方，地主靠提供永久耕种（地上）的权利来吸引其他地方的承租人……（4）承租人以一次性支付全额的方式获取永久耕种土地的权利……（5）农民在需要钱的时候，卖掉地下所有权，但保留对地上的耕作权。由于土地的地上权与地下权是分离的，地主与承租人都可以自由地出售他们的权利，而无须征得对方的同意。[①]

在上述的各种情况下，承租人附着于土地上的资产（例如对土壤的权利）在物理上是“永久性”的。一旦永久性出租及其合约条款生效，地主便不能随意提高“地下”地租（或采用其他方式）来迫使承租人离开。但如果交易费用为零，这样的租期约定就没有必

① Chiao（*Study of Farm Villages*），第261页。对于类似的观察，参见国民政府，《统计分析》（National Government, *Statistical Analysis*），第56—58页；以及中国经济研究所，《资料来源》（China Economic Research Department, *Source Materials*），第84—89页。

要：如果能够清楚地将“地下权”和“地上权”界定为私有，且不耗费任何费用地实施和转让，那么市场将会针对这些权利产生一组价格，有关权利的交易可以在该价格条件下随时进行。[①]这样就没有必要用长期租约来保护承租人“不可移动”的投资。对于附着在土地上的其他资产，道理也相同。

相对短期的租约选择

采用相对长期的租约需要放弃短期租约所具有的某些成本优势。当承租人附着于土地上的资产在短期内容易耗竭，或者地主提供所有的“永久性”资产，相对短期的租约就可以节省合约条款的执行费用，以及对这些条款进行协商的谈判费用。

制定一份合约时，签约各方对对方的可靠性可能缺乏足够的信息。在约定的租期内，如果有一方违反合约条款，需要投入更多的精力去执行合约，或者导致在租约期满之前通过诉诸法律或者其他办法来终止合约——所有这些都需要支付一定的费用。而选择期限较短的租约就为租佃关系的解除提供了便利，从而可以节省这些费用。但正如我在本节开头部分指出的，租佃关系解除的频率远远低于短期租约的频率，这说明大多数到期租约都会续订。现有资料表

① 这里我运用了罗纳德·科斯的思想，“社会成本问题”（Ronald H. Coase, “The Problem of Social Cost,” *Journal of Law and Economics*, 1960）。

明，由租金争议引起租佃关系解除的情况较为少见。[①]所以我推测，选择短期租约与其说是为了减少合约条款的执行费用，还不如说是为了便于合约的再谈判。

最好将两种类型的合约再谈判（修订）区分开来，尽管二者有时是相互关联的。在任何土地使用权的合约中，相关条款的规定在本质上都是为了明确两个内容:（a）由签约各方共同议定的有关资源利用和配置状况，（b）签约各方的收入分配。为了实现更有效率的资源配置，通过再谈判修订（a）可能为合约各方都带来好处，也即各方可能都会受益或减少损失。但是，当对（b）进行修订时，一方必然会受损。

考虑一下主要进行资源再配置的合约谈判：比如，产品相对价格发生变化，要求对农作物耕种的种类做出调整；或者创新发生之后，需要采用新的种子或新的耕作方式。这种再谈判大多限于分成合约，因为在固定地租中，除了土地改良以及属于地主的资产的维护由地主负责之外，农户自行决定其他方面的资源使用。原则上，如果所有合约当事人都预料会从合约的修订中获益，重新谈判就可随时进行，合约的终止就不再有必要。但是，不同个体对市场有着

① 中国（1934—1935）6个省涵盖56个地区的法律记录显示，每年共计有124个土地使用权纠纷案件（大部分属于地租支付问题）。虽然缺乏土地使用权的总量数据，但进入法院的纠纷数量如此之少，以至于人们怀疑很多合约纠纷从来没有进入过法院。这些记录的案件中有超过三分之二都是以解除租约，并附带某些赔偿和解而告终。参见土地局，《中国经济年鉴》（Department of Real Estates, *China Economic Yearbook*），1935年，第G118—120页；以及1936年，第G143—144页。

不同的认知，对于合约签订是否可取在判断上可能会存在差异。而期限相对较短的租约就比较便于在再谈判不成功的情况下进行资源的再配置。[①]这一点，再加上分成合约的执行较为复杂，解释了为什么分成租约的期限一般比固定地租的租期要短。[②]

进一步考虑涉及修订收入分配的合约再谈判，此时一方的收益建立在另一方受损的基础之上。这不仅适用于固定合约，也适用于分成合约。当然，资源的配置可能也会因此而受到影响。例如，签约资源的相对资产价格发生了变化，现金租金合约签订后遇到了未预期到的通胀，或者签约者最初做了错误的决策——这些都需要对分成率进行重新修订。由于修改最初的分配条款必然导致一方受损，也即受益方不能或不愿完全补偿受损方，租约终止（因而选择合适的短期租约）就是必要的。[③]同样，如果交易费用为零（即便未预期到的情况孤立地发生），这些就不是必要的。在交易费用为零的情况下，合约可以允许天天改变地租金额；无论租期有多长，租期内的收入分配自始至终都不是固定的。

---

① 比如，如果租约可以终止，单方面希望改变生产计划的分成佃农可以要求签订固定地租合约、直接购买土地或者寻求与另一个地主建立租佃关系。当租约不可终止时，如果愿意修订租约的一方可以向不愿意的一方支付一个足以说服对方接受修订的价格，进一步的谈判仍然有可能发生。

② 较多采用分成租约的地方（中国，1934）也较多使用短期租约。参见国民政府，《统计分析》（National Government, *Statistical Analysis*），第43页，表20和21；以及第59页，表26。

③ 假定租约没有终止期，且地租分成率是固定的，动荡的经济环境会造成收入再分配。但是，资源配置的效率可能并不会因此而受到影响。

D. 结束语

每个交易都涉及一份合约。市场上进行的交易涉及产权在合约当事人之间断权转让或局部转让。产权的转让可以通过许多不同的合约安排来完成。

长期以来，经济学家以及土地使用权专家一直试图比较不同租约安排下资源使用的效率，据此对它们进行排序。但是，他们所做的研究都没有明确提到所涉及的产权局限条件。很多时候，不同形式的租约的特点也没有得到仔细的研究和考察。只要产权是排他的以及可转让的，不同的合约安排并不意味着资源配置存在不同的效率。前面所描述的租约特征也证实了这一点。

我在本章提出了这样一个问题：在同样的私人产权制度下，人们为什么会选择不同的合约安排？为了回答这个问题，我引入了交易费用和风险因素，并试图运用选择理论来解释在农业中观察到的合约行为，不过由此引发的问题可能比已经回答的问题还要多。我还无法将这些零散的分析整合出一个正式的理论，因为涉及交易费用和风险的选择理论中还存在着难以处理的问题。

尽管交易费用或风险的存在导致资源使用有着不同的强度，但正如本章前面所提到的，现有的资料显示，在私人产权条件下，不同租约安排的耕作强度并没有显著的差别。[①]理由如下。我们迄今

① 我们发现承租人的住房资产价值一般来说低于自耕农拥有的房产价值（国民政府，《统计分析》，第100—101页）。这可能是因为住房也是一种消费品，且佃农一般较为贫穷。

所考察到的土地使用权安排包括：自耕、工资合约、固定租约和分成合约。就这些安排而言，即便存在着交易费用，经济理论表明，资源使用的边际等式趋于相同。边际不相等的情况只有在交易费用非常高的情况下才有可能存在，此时人们只有选择比如一次性支付一笔金额、对资源使用不按量计价的合约。但在亚洲农业中，长期以来一次性支付一笔金额的合约并不重要，因而可以忽略这种情况。不过，交易费用和风险的影响主要表现在所观察到的合约安排选择上，而不是表现在签约各方所分担的风险溢价上。

上述讨论我明显回避了一些问题，其中以下这些是非常重要的。首先，关于风险规避，一个更为一般化的分析需要考虑所有风险选项，而不是只考虑合约选择。如果不考虑交易费用，分析的难度将会降低。其次，关于交易费用，更为一般化的分析将会推导出一些具体的、通用性强的交易费用函数。这一步对于建立一个包括交易费用在内的一般均衡模型是十分必要的。

我还隐晦地回避了另外一些问题。尤其是，我理所当然地假定执法当局具备一定的执法水平。人们可能会问：如果政府的执法力度发生变化，对合约选择将会产生什么样的影响？这些执法的力度在多大程度上是与帕累托条件相一致的？什么样的执法制度才能与市场运作相适应？如果没有回答这些问题，与交易费用有关的效率实现条件就不是很清楚。我来做些说明。

在生产过程中，成本最小化不仅要求实现那组我们熟知的边际等式，而且还要求使用成本最低的那种生产方式。在交易中，重要的是考察其他替代性的合约安排所涉及的交易费用，对此我已经详细讨论过。人们可能认为，其他因素相同时，只要交易费用最低的安排被选择，效率便得以实现。但是，交易费用还取决于各种不同的法律制度安排。例如，不同的执法效率，或不同的法院腐败程度，都将影响到市场上的交易费用。基于既有的法律制度，我试图解释所观察到的合约安排。但是，由于我忽略了法律制度的选择和发展，与交易费用有关的帕累托最优条件也就变得模糊不清了。

我也没有对与不同产权局限条件有关的合约行为进行研究。对产权转让的各种限制，或以不同方式削弱所有者从其资源中获取收入的权利，都将会对租约安排以及资源配置产生影响。在余下的章节里，我将分析一个重要的局限条件，即从法律上将地主的地租收入限制在年产出的最高比例之下。

第五章　分成地租管制的转移效应：抵消式合约再安排的假说和证据

在本章以及随后的三章中，我将专门讨论台湾土地改革的第一阶段。从 1949 年 4 月开始，台湾宣布和执行了一批关于农业土地租约的管制条例。在这段改革时期，地租分成率由年产出 56.8% 的估计均值调减到 37.5% 的水平。[①]这项改革措施适用于除园艺业之外的所有农地地租（包括固定地租和分成地租）。受此影响的耕地范围可参见第八章的表 4。我们将在合适的时候于本章以及下一章对相关的法律规定进行讨论。

分析的困难似乎来自以下几个方面的问题：(1) 辨识不同法律的局限条件，既包括那些法律中明确规定的，也包括那些模糊隐含的；(2) 确定各种选项；(3) 确认不同法律的局限条件的有效性。比如，不同的执法机关执行同样的法律管制措施就会有不同的效果，因为对法律的解释不同，或者执法力度不同。必须在明确以上情况之后，我们才有可能从理论和实证上分析所观察到的结果。对

① 不清楚的是，56.8% 的估计均值是否是加权数据。

此，我将试做分析。

我先从假设只有地租分成率在法律上被有效降低开始分析。稍后，我们再来考虑其他限制性措施。用经济理论可推断出一些行为，最好将这些行为分为两类。第一类是抵消式合约再安排，包括补偿性支付，以及通过产权转让改变土地使用权的安排。第二类是资源再配置。在本章，我们将集中讨论第一类。

A. 抵消式合约再安排的假说

抵消式（offsetting）合约再安排是指合约的重新修订，在没有交易费用和风险的情况下，这种修订对合约初始的资源配置以及收入分配不会产生任何影响。法律上对地租分成率进行管制将会在签约各方之间引发一系列合约再安排，以恢复之前合约条款所形成的均衡，除非这些活动被法律禁止。这些合约再安排可以视作因分成地租管制而产生的转移效应。

假设市场上不受管制的地租分成率为年产出的70%，但在法律上被管制在40%以下。如果不存在任何调整，租管的效果是将收入由地主转移至佃农，这正是台湾改革者所希望看到的结果。不考虑资源再配置，签约各方将会如何做呢？

补偿性支付

作为削弱私有土地产权的一种工具，管制分成地租本身几乎不会带来任何影响。如果土地的所有权被明确地界定为排他性的，地主可以采取调整支付金额的方式来保护其财富水平不受影响，同时又不违反租管。（1）最简单的一种办法就是地主每年一次性地收取一笔款项，以抵消地租分成率下降所带来的影响。有多种办法可以做到这点。一种方式就是以“小费”的形式或担保金的名义一次性地收取全部的款项。如果是几年期的租约，地主可以要求佃农支付一次性即期款项，其金额等于合约期间减少的总收入的贴现值。（2）如果在租管之前，部分非土地耕作成本一直是由地主承担的，那么地主可以简单地要求佃农支付所有这些成本。（3）在一些分成合约中，惯常的做法是，地主允许佃农使用部分土地种植“谷物”供佃农自己消费，且无须与地主分成；相应地，地主对规定种植的农作物将会制定一个较高的地租分成率。租管之后，地主可能会要求对所有的农作物进行分成。显然，同时采取后两种办法可能并不足以恢复初始的均衡状态，这取决于分成地租管制的程度以及合约的初始条款。

土地使用权的再安排

假设补偿性支付在法律上也被禁止。地主可以通过改变土地使用权安排——转移产权——的方式来保护它的财富水平不受影响。要做到这点也存在多种方式。（1）地主可以简单地收回佃农的土地，自己耕作，或者雇用劳动力来耕作。（2）假设合约中的租约期限规定地主不得以收回土地的理由撤销租约，那么，地主可以向佃农支付一个价格以购回租约权。（3）另一种选择是，地主按照单位土地价格等于租管前单位面积地租的贴现值，将土地卖断给佃农。（4）如果佃农没有足够的资金支付地价，也可以采用分期付款的方式，每年向地主支付的款项不超过地租年金。但是，将土地所有权转让给佃农要完全恢复至初始的财富状态，前提必须是土地价格不下降，也就是说，土地改革没有导致风险分担或风险管理的专业化分工，也没有导致土地的投资性需求下降。

充分采取以上单个或组合式的抵消式合约再安排，资源配置和收入分配将会恢复至土地使用权不受管制的初始状况。变更土地使用权安排的办法是充分的，因为它不需要再借助其他形式的合约调整就可以恢复至初始均衡。另一方面，补偿性支付可能是充分的，也可能是不充分的。三种形式的补偿性支付不仅会同时发生，而且还有可能伴随着生产方面的调整。在一个充斥着交易费用和风险的复杂世界中，这些合约再安排的发生将会导致所交易的资源的价值比之前更低。这是因为，如果新的安排能降低交易费用或者有助于风险分散，那么它们就应在租管之前被选择。交易费用上升或者风险不够分散在多大程度上影响着资源配置，不是这里我要研究的问题。

显然，除了抵消式合约再安排，其他情况（资源再配置）是否会出现取决于：（1）受租管影响的租约没有全都进行土地使用权的重新安排；（2）不是所有租约都存在能够恢复初始均衡的补偿性支付。自台湾于1949年将地租分成率一律管制在最高不超过37.5%之后，显然出现了这类抵消式合约再安排。根据后面小节所提供的证据，发生这些再安排的租佃合约所占比例很小。这是因为存在其他的法律限制措施，还有可能更重要的是，正如我们在下一章所看到的那样，因为资源配置发生了调整。

B. 对抵消式合约再安排的规定限制

台湾的地租分成率管制涉及三个不同时期的一系列规定：1949年之前的土改前土地法、1949年的地租分成率管制，以及1951年的新租管规定。在第一章中，我们已经讨论过土改前有关土地租约的一些相关规定。台湾将地租分成率管制在最高不超过年产出37.5%的政策，是在1949年4月14日开始宣布和实施的。那个时期的管制，加上当时的《土地法》，限制了前面所讨论的抵消式合约再安排的运作空间。台湾当局的政策意图及其推行1949年租管政策的力度是显而易见的。

不过，一定不能将1949年的管制政策与1951年6月7日宣布的农地减租规定相混淆。有关1951年新规定的细则直到1952年2月2日才被制定出来，且此后没有任何证据表明新规定中增加的条款得以真正实施。[①]有趣的是，1951年之后出版的文献在讨论1949年耕地减租政策的时候往往提及的是1951年的规定，好像它就是

① “耕者有其田”（the Land-to-the-Tiller）计划此时正在酝酿之中，并引起土地改革者的极大关注。

1949 年的减租政策。[①]

在下面的研究中，我们将主要关注截至 1949 年的规定，它包括土改前的《土地法》以及 1949 年的减租政策。对于 1951 年规定中所做的修订，我们这里只是将它作为检验假说的间接证据。因而，我们在以后的讨论中都将指出有关规定出台的具体时期。

关于补偿性支付的限制

1949 年之前（含 1949 年）制定的限制补偿性支付的法规包括以下内容：

> （1）耕地出租人不得预收地租……担保金不得超过年地租的四分之一……担保金（连同利息）应视为地租之一部分[②] [土改前]。
>
> （2）承租人所需之耕畜、种子或其他生产用具原由出租人供给者，自本办法（调减地租分成率）施行后，出租人按规定继续供给[③] [1949]。

上述第（1）条禁止以担保金或“小费”的形式进行补偿性支付。当地主在签约时承担部分成本的时候，第（2）条禁止地主要

① 下一章我们将对此进行详细的解释。

② 第112条，陈诚，《台湾土地改革》（Cheng Chen, *Land Reform in Taiwan*, Taiwan: China Publishing Co., 1961），第155页。

③ 第5条，见汤惠孙，“《自由中国之土地改革》”（*Land Reform in Free* China, Taipei: JCRR, 1954），第222页，“台湾省私有耕地租用办法”一章。

求佃农支付所有非土地耕种成本。但是，“其他生产用具”这一说法较为模糊。所以，在1951年又增加了一个条款：

承租人之农舍，原由出租人无条件供给者，本条例施行后，仍由承租人继续使用，出租人不得……收取报酬。①

我们在下一节还会看到，在某些情况下对于谁应该承担水费也会产生纠纷。尽管如此，（1）和（2）显然限制了补偿性支付。补偿性支付的第三种可能形式是租管后地主要求对所有农作物进行分成，其中部分“谷物”根据合约最初规定完全是供佃农自己消费的，正如我们下一章将会看到的，对这种补偿性支付的禁止不明显。不管怎么说，这种补偿性支付实施的范围很小，而且与减租的幅度相比并不显著。②

土地使用权再安排的限制

地主解除租约和收回土地的权利受到有条件的限制：

出租人非依（土改前）《土地法》之规定，不得终止租约。③

① 第12条，陈诚，《台湾土地改革》（Chen, *Land Reforrn in Taiwan*），第193页。

② 只有一些佃农根据合约规定被允许种植“谷物”供家庭消费，而且只允许在犄角旮旯的土地上种植。注意，租管后，在有记录的有关地租纠纷中，没有一起是属于这里提及的第三种形式的补偿性支付。

③ 第9条，参见汤惠孙（Tang, *Land Reform in Free China*），第222页。

在土改前的《土地法》中，我们可以找到：①

第109条　依定有期限之契约租用耕地者，于契约届满时，除出租人收回自耕外，如承租人继续耕作，视为不定期限继续契约。

第114条　依不定期限租用耕地之契约仅得于以下情况时终止……出租人收回自耕时。

但是，"自耕"这一说法含糊不清，可以理解为包括雇用人手的经营性耕种。在1949年随即展开了严格的执法活动，以阻止地主以经营性耕种为目的收回土地的行为。此外，新合约的签约期限后来又被规定不得少于3年。在1951年的新规定中，这个最低租约期限又延长至6年。②

土地使用权再安排的另一种可能形式是地主将土地断权出售，这在1949年（含1949年）之前的所有法规中都没有明确限制。地主不仅可以将其土地出售给佃农，而且还可以出售给第三方。尽管土改前的土地法对于佃农购买地主土地的优先权有着明确表述，但是佃户要愿意接受"与其他任何人一样的报价"。③

由上我们可以得出以下结论：（a）1949年前，法律一直禁止补偿性支付，而另外一种做法——租管后地主会参与分成原来属于佃

① 陈诚，《台湾土地改革》（Chen, *Land Reform in Taiwan*），第154—155页。这两款内容曾在本研究的第一章引用过。

② 第5条，同上，第191页。

③ 第107条，同上，第154页。

农消费品的“谷物”——尽管具有可行性，但没有大量采用；（b）如果地主从佃农那里收回土地，法律对这种土地使用权再安排施加了有条件的限制。不过，地主断权出售土地的权利并没有被限制。

这里还需要提及另外两个要点。首先，尽管法律禁止佃农通过承担全部非土地耕种成本的方式向地主进行补偿性支付（在合约规定地主要承担部分成本的情况下），但对于地主要求佃农增加耕种投入却并无限制。其次，对于地主通过解除租约的方式从佃农那里收回土地，尽管法律上进行了有条件的限制，后来严格禁止，但对于在不解除租约的情况下收回部分土地的做法，至少在本研究所涉及的时期内并没有做出限制。我将在接下来的两章中对这些问题进行更为详细的讨论。

C. 违规的补偿性支付和土地使用权再安排的证据

由于租管禁止大多数的抵消式合约再安排，我将通过考察各种违规活动以及有关规定执行的证据来检验这个假说，即地租分成率管制将导致补偿性支付和土地使用权再安排的产生。要判明规定的执行是如何的彻底或专断，不是件容易的事情。我们了解到的事实如下。（1）1949 年，37.5%的减租条例在各乡镇进行了广泛的宣传，并发放了官方租约的表格。[1]（2）随着违规活动频发，规定的推行

① 陈诚，《台湾土地改革纪要》（Cheng Chen, *Records of Taiwan Land Reform*, Taipei: Chung Hwa Book Co. 1961），第2章。

力度也得到了加强：

> 检查工作仅限于收获季节，对佃户以及土地租约的随机抽样是为了审查地租的支付是否符合租管的幅度。大约 126 个县级工作人员和 26 个城市督察员在每轮收获之后用两个月的时间对全省进行检查。当地租纠纷的数量惊人地暴涨时，这种检查模式……就变得不是很有效了。因此，“中美农村复兴联合委员会”（JCRR）和省土地局设计了一种雇用专职人员的新检查模式。[①]

（3）为了执行租管规定，当局使用了总共 7325 个实地调查员以及其他资源。[②]（4）到了 1951 年，检查工作不再基于随机抽样，而是覆盖了受租管影响的所有人口，之后不久大多数违规活动便得到了有效的抑制。[③]

补偿性支付和地租纠纷

提高用水成本曾是 1949 年的一种补偿性支付方式：

> 尽管佃农有义务投入劳力改善水利设施，但在完工之后，

① JCRR，《年度报告》，综合卷，油印稿（台北：农民服务所，1965年），第9页。

② 同上，第2章。

③ 陈诚，《台湾土地改革纪要》，第2章；JCRR，《年度报告》，第2章；以及台湾省土地局，“耕地三七五租管实施方案”，油印稿（台北：JCRR翻译本，1950年）。

他们却被要求分摊水土改善所需支付的成本。这是地主寻求降低租管所带来损失的一种方式。[①]

出现这种情况是因为用水权利的付费义务并没有得到清楚的界定：

> 按照旧条例……地主负责支付用于耕地改良方面的专项水费，而佃农向当地的水利协会支付灌溉所需的日常水费，该水土保护协会完全由地主组成。但是，对这两部分费用的划分以及明确的比例并没有做出界定。因此，地主常常把专项水费负担转嫁给佃农。[②]

不过，省土地局和水利局很快就解决了由此而来的水费纠纷问题。在新规下，据报道在1949年6月至1950年3月，对地主收取水费超过规定水平的指控发生过107例。[③]

直到1951年6月，历时两年的检查——从最初随机抽样到后来覆盖全部受影响的人口——显示存在着其他形式的补偿性支付：地主收取不可返还定金的有42例，地主收取佃农农舍的房租超过最初规定水平的有47例，以黑市价格进行地租支付的例子有537例。资料记载，引起租佃纠纷（6328例）较为常见的原因据称是所谓的“收成损失”，主要是因为签约各方对“实际”收成的认定

① JCRR，《年度报告》，第9页。

② 同上，第10页。

③ 台湾省土地局，“耕地三七五租管实施方案”，第24—25页，表5。

不一致。几乎所有这些纠纷案例都是由省土地局来解决的。[①]

土地使用权的再安排

地主解除租约是官方在改革中面临的最大问题。用陈诚的话来说是这样的：

> 减租政策实施后……少数不法地主……不惜采用威胁利诱手段，迫使佃农出具退耕证明书……地主利诱方式，普通多以现金、实物或部分耕地贿赠佃农，使其同意退耕。此种贿赠，称为“权利金”。佃农迫于地主之威势，只得忍痛接受。地主收回耕地后，少有自耕，大都暗中出租，收取黑市地租，或出卖，或雇工耕种，以保持其非法不义之利得。[②]

1951年前的两年里，租约解除引起的纠纷案例累积至16349

---

① JCRR，《年度报告》，第33页。截至1951年6月30日，184起案件被列为“已解决”。要弄清违规补偿性支付发生的确切数据是不可能的。不同资料来源的数据相差很大。但深入研究就会发现，它们之间的差别大都是表面上的。差别在于不同的计算标准：一种资料来源将租佃合约中的书写错误视为非法，而另一种资料来源则认为这种错误无关紧要。以上所引用的数据都是实际发生的补偿性支付案例。对比JCRR《年度报告》（第33页）和省土地局《实施方案》（第24—25页，表5）可以看出，这两份资料的统计数字差别很大。在后者中，违规活动（包括土地使用权再安排）共计41994起（有记录的最高数据），但其中80%以上是由于合约中书写或签名不当所造成的。此外，如果在一份合约中发现几处错误的话，一处错误就算是一起非法活动，都予以计入。这些书写错误是可以理解的，因为大多数佃农都是文盲，填写官方提供的书面合约时很容易出错。另一方面，JCRR认为这些错误无关紧要，对此并不重视。

② 陈诚，《台湾土地改革纪要》，第30页。

起，其中 8877 起涉及实际的租约解除。[①]当局处理解除租约的案例是非常头疼的，因为根据规定，地主在租约期满以及自耕的情况下是可以解除租约的。结果，当局批准了 1971 起解除租约的申请，而其余案件中的租佃权仍被判给佃农。[②]与这些被批准的租约解除案件有关的土地面积共计 1376 甲，约占租管前租佃土地总面积的 0.04%。[③]

在同一时期（1949 年 6 月至 1951 年 6 月），佃农从地主那里购买的耕地面积总共加起来仅占所有租佃农地面积的 2.2%。[④]对于这种形式的土地转让，改革当局是允许的，因为这会实现他们所期待的更为公平的土地分配。但难以理解的是，为什么地主将土地断权转让给佃农的比重这么小？答案可能是土地价格的大幅下滑。自 1948 年直到 1951 年，以各种不同等级土地种植的稻子来衡量，土地价格下降了大约 46% 至 62% 的幅度[⑤]——下降的比例超过了减租的幅度。这意味着，即便在没有补偿性支付或资源再配置的情况下，租管后地主的地租收入也将高于出售土地所得到的利息回报。土地价格的剧烈下滑可以部分地用土地使用权安排改变导致风险分

① 陈诚，《台湾土地改革纪要》；以及JCRR，《年度报告》，第29页和第32页表6。

② JCRR，《年度报告》，第32页，表6。一些被批准的案件是官方的错误所造成的（同上，第28页）。

③ 同上。私人土地的总面积共计672360公顷。租管前，这些土地中的56%属于租佃租约。参见本研究的第七章。

④ 省土地局，“耕地三七五租管实施方案”，第24—25页，表5。

⑤ 陈诚，《台湾土地改革纪要》，第41页；JCRR，《年度报告》，第27页。

担或风险管理的专业化程度提高来解释。这也可能是因为市场预期即将推出更多改革措施，进而导致持有土地的投机需求下降。

结论

关于补偿性支付和土地使用权再安排，本节所展示的证据说明存在由A节所推出的抵消式合约再安排。在减租的情况下，初始均衡通过这些合约调整可以再度恢复。尽管人们认为这些再安排（大部分是非法）活动的数量是非常惊人的，但现有资料显示，在受租管政策影响的租佃合约中，它们只占不到10%的比例，绝大部分违规活动均按规定被压制和纠正。鉴于受租管政策影响的农地租约共计380473件，且考虑到地租分成率由年产出56.8%的估计均值下降到37.5%，我们想知道为什么补偿性支付和土地使用权再安排发生的频率如此之少。规定执行的有效性是一个解释，但这似乎并不充分。实际上，1949年对地租分成率管制的执行被规定制定者认为“顺利得不可思议”。[①]为什么？不妨问一个看起来不相关的问题：如果补偿性支付和土地使用权再安排的发生不足以使资源使用恢复到初始状态，我们所观察到的资源配置将会如何调整？结果是，租管之后，地主可以通过调整耕作的强度来阻止其地租收入的减少，同时又不违反规定。这个答案有助于部分地解释为什么违规活动是如此之少。

① 陈诚，《中国土地改革的分析方法》（*An Approach to China's Land Reform*, Taipei: Cheng Chung Book Co., 1951），第24页。

第六章 分成地租管制的资源配置效应：耕作强度增加的假说

我们上一章的结论是，台湾于 1949 年实施减租政策之后，抵消式合约再安排原本可以将资源配置和收入分配恢复至初始的签约状态，但这些活动只是零星出现。一个解释是，限制面面俱到，而且执行也很彻底。另一个解释是分成租金管制下出现了产量增加，部分弥补了地主所减少的土地收入，这也是本章所要探讨的问题。实际上，地主可以同时从非法的补偿性支付和产出增加两方面得到补偿。

为了分析上的方便，我们在推导耕作强度增加的假说的过程中，假设租管后不存在非法的补偿性支付活动。这个假说的含义可概况如下：分成地租管制使得非土地资源从其他用途转移至租佃农地中。在这些租佃农地上，土地的边际产出因而会较高，而佃农投入的边际产出则会较低。换句话说，佃农投入的边际产出低于相应的边际机会成本。

假设市场上（不受管制）的地租分成率原本是 70%（$r=0.7$），

被管制在 40%（$\bar{r}$=0.4）。地主现在真正能得到的只有年产出的$\bar{r}$=0.4，且没有其他形式的补偿。这样，佃农从全部年产出中得到的份额将会是其最初 30% 份额的两倍。那么，现有的佃农会否增加耕作的投入？如果是的话，这会否带来更有效率的资源使用？

回想一下，在不受管制的市场中，地租分成率是在佃农（非土地）耕作投入的边际成本等于其相应的边际产出之处决定的。因而，对于佃农来说，进一步增加任何非土地耕作投入都是不划算的。举例来说，假设被管制的 $\bar{r}$=0.4，佃农增加额外的 10 美元耕作投入，产出的相应增加会小于 10 美元。所以，佃农得到的额外收入会小于 6 美元（这是通过小于 10 美元的收入乘以 1–$\bar{r}$ 得到的）。实际上，即便将土地白送给佃农，他也不会愿意在他已耕种的土地上增加额外的投入。

根据同样的逻辑，地主自己更加不会增加耕作投入。然而，在地租分成率被管制（的局限条件）下，竞争会迫使佃农增加投入。比如，假设管制前的总耕作收入为 200 美元，地租分成率 *r=0.7*，佃农的收入就应为 60 美元，该收入等于佃农从事其他经济活动可能获得的收入。当地租分成率被管制在 $\bar{r}$=0.4，佃农将得到 120 美元，或者说，与他从事其他经济活动所获得的收入相比多出 60 美元。该佃农会愿意增加至少 60 美元的耕作投入，以求保持或得到耕地的租佃权。为了说明这一点，假设佃农同意多承担 60 美元的非土地耕作成本，这个金额超过了他因租管而多得的收入。相应的边际产值会少于60美元——比如40美元。在这40美元中，地主所获得的收入是$40\times\bar{r}$，即16美元，而佃农得到的是$40\times(1-\bar{r})$，即24美元。对于佃农来说，他从事其他经济活动是赚不到这额外的24美元的，因而地主可以继续诱使佃农增加耕作投入。

在减租规定的约束下，地主追求地租收入最大化的结果是：（a）只要佃农的耕作收入大于他从事其他经济活动的收入，地主就能成功地诱使佃农增加耕作的投入（因为其他潜在的佃农也会这么做）；（b）假设条件（a）成立，只要佃农增加投入的边际收入大于零，地主就会诱使佃农承担更大强度的耕种投入，因为租管中的地租收入大于佃农不增加投入时的地租收入。条件（a）是非土地投入成本的局限条件；条件（b）是自然局限条件的极限，即佃农投入的边际产出为零。地主实现地租收入的最大化，取决于哪一个局限条件的极限最先被触及。结果便是耕作投入的强度增加，这里可以将它简单地理解为f/h的上升，f/h代表单位土地面积非土地的耕作投入量（或非土地的耕作成本，f），f/h则是按土地面积求此量的均值。它的经济含义是重要的，我们将对此详细分析。

不过，先明确几个假设。（1）地租分成率被管制在$\bar{r}$之后，假设不存在任何形式的补偿性（抵消性）支付。换句话说，地主的土地收入被严格限定于年产出的$\bar{r}$。（2）为了分析上的方便，假设所有非土地耕作成本均由佃农来承担。放松这个假定，并不会影响所隐含的资源配置。(3)交易费用被假定为零。

A. 收回部分土地——以单个佃农的投入调整为例

在分成率管制中，耕作强度的增加可以通过两种常规方式来实现。一种方式是保持佃农的投入不变，佃农之间的竞争使得地主可以通过收回部分土地来减少佃农租种的面积。另一种方式是，保持佃农租种的土地面积不变，竞争迫使佃农在指定的土地上增加投入，这也对地主有利。当然，地主可能会把这两种方式结合使用。不管在哪种情况下，结果均会导致佃农在土地上的投入增加。本节先讨论第一种方式，第二种方式将在B节讨论。这两种方式是从不同视角来看同一个现象。

图6是第二章中图3的扩展。让我们先对图中的各种符号做简要的说明。曲线f/h是双曲线，代表合约规定的佃农(固定)投入成本f除以佃农的耕种土地面积h。给定与不变佃农投入相对应的土地平均产出$q/h|_f$，单位面积地租$(q-f)/h$也就确定了。佃农初始的耕种土地面积是oa，$(q-f)/h$此时处于最大值，公开市场上的地租分成率就等于ar/ap。

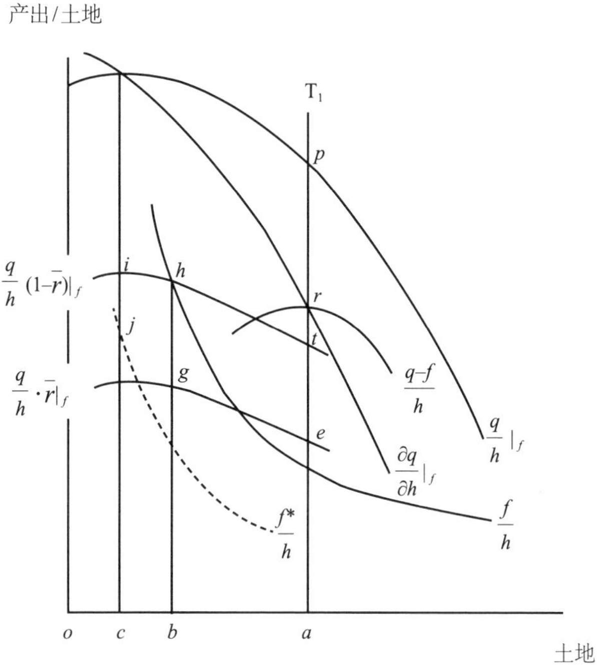

图 6　收回部分土地——以单个佃农的投入调整为例

但在施加了$\bar{r}$的局限条件之后，$(q-f)/h$曲线对决策就不再有意义。地主现在不是追求每亩地租（$q-f$）$/h$的最大化，而是在f/h局限条件的约束下追求$(q/h)\bar{r}$的最大化。举例来说，假设初始为 70% 的地租分成率（ar/ap）按规定调降至$\bar{r}$=40%。这样地主所获分成地租的局限条件就由曲线$(q/h)\bar{r}|_f$来表示，它是土地平均产出的 40%。只要地租被削减，而且是用地租占比来表述管制程度，情况就会是这样，无论原来的合约是固定租约还是分成租约。[①]相应地，佃农

① 还要注意到，在年产出分成率为$\bar{r}$的情况下，地主不可以将分成租约转换为固定租约来保护其财富水平。

的收入份额为$(q/h)(1-\bar{r})|_f$。不考虑资源再配置，每单位土地的地租现在将会是ae，而不是ar，同时佃农的收入等于at乘以oa，该收入高于他从事其他经济活动所获得的收入。地主可以将佃农的耕种土地面积缩减至ob，也不会导致佃农的投入减少，并在非土地耕作成本f/h的约束下实现$(q/h)\bar{r}$的最大化。给定图中所示的f/h，竞争性均衡将会出现在h点，此时佃农的耕种收入等于佃农的（非土地）耕种成本。现在，地主在每单位土地上的地租将会是bg，高于ae。为了利用好收回的土地，地主会以类似的方式将它出租给其他佃农，或自己耕种，或者雇用劳力来耕种（这最后一个可能性在台湾是被禁止的）。在减租规定被严格执行的情况下，资源的再配置导致租佃农地有着较高的f/h，即租佃农地的耕作强度超过了它在不受管制市场中的耕作强度。

f/h上升具有多个经济含义。我们假设只存在两种生产要素，土地h和佃农劳动投入t。在此假定下，非土地的总耕作成本f等于现行工资率W乘以t。因而，给定W，f/h的上升意味着t/h的上升。在初始的分块土地面积T_1上，土地边际产出$\partial q/\partial h$也即ar。土地面积调整之后，由于t/h较高，与耕种面积ob相对应的土地边际产出变得更高。这意味着，租佃农地的土地边际产出将会高于自耕农地的土地边际产出。另一方面，佃农投入的边际产出低于他从事其他工作的边际产出。换句话说，佃农投入的边际成本高于其相应的边际产出。这样，由于租金管制，租佃农地中的非土地投入带来的投资回报率将低于市场利率。

还有另外两点。首先，如果佃农的工资率低到出现f^*/h（图6中的虚线），在指定的局限条件和假设下，就会无法确定竞争性均衡。在这种情况下，地主会把佃农耕种的土地面积进一步缩减至oc，此时的$(q/h)\bar{r}$处于最大值，且佃农劳动（“另一”要素）的边际产出将会变为零。[①]于是，佃农便会得到一个剩余收入（等于ij乘以oc），对于这个收入，地主可以通过一次性收费的方式（一种我们假定不存在的补偿性支付方式）将之榨取过来。

其次，决定f的耕种投入并不是只能包含一种要素。对于多个佃农来说，f/h这个比率上升的经济含义在本质上也是类似的。如果保持土地面积不变而增加多个佃农投入，细心的读者可能会正确地指出，如果要素的互补性足够强的话，那么某一种要素的边际产出有可能是递增的。然而，对于所有佃农投入一起增加的情况而言，边际收益递减必然发挥作用，导致耕种的边际成本（包括所有佃农的投入）大于其边际收益。

B. 佃农投入增加——以多个佃农的投入调整为例

耕种强度增加的含义非常重要，值得另辟一节专门讨论。明确地将佃农投入处理成一个变量，我们同时也是将分析拓展到多个佃农的情形。为了更好地分析，这里给出几个简化的假设。我们假

① 这里假设生产函数是线性单调的。

设：(a) 地主可以在其土地上雇用大量佃农；(b) 佃农所耕种的土地是同质的，且都是以相同的生产函数生产出同质的农产品，这样对每个佃农来说，在租管之前的初始均衡中，他们的地租分成率也是相同的；(c) 仅有一种佃农投入，即劳动。

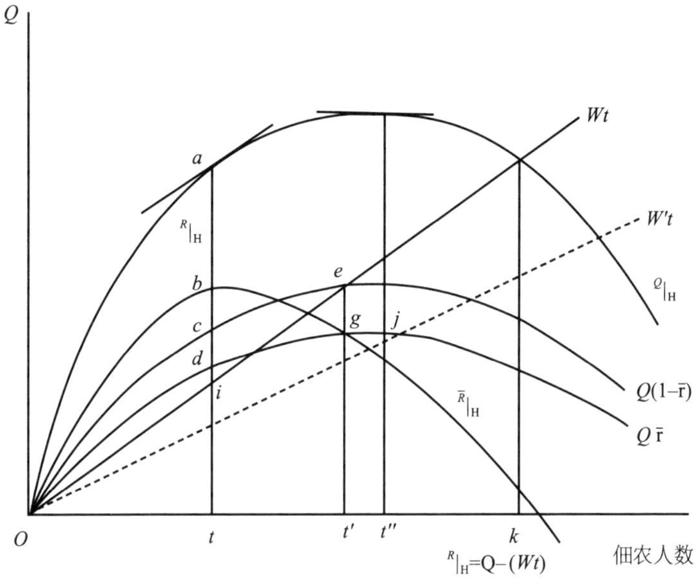

图 7　佃农投入增加——以多个佃农的投入调整为例

在图 7 中，纵轴是总产出，横轴是佃户的数量或佃农的人数 *t*。$Q|_H$ 是在地主持有的土地总面积保持不变时（假设 *a* 成立）佃农的总产出曲线。它的形状反映了佃农劳动存在着边际报酬递减规律。曲线 *Wt* 是指全部佃农的耕作成本，*W* 代表工资率，*t* 是佃农的人数（假设 *c* 成立）。在一个竞争性的佃农劳动力市场上，曲线 *Wt* 是一条直线。$R|_H$ 代表的是地主持有的土地总面积不变时的总地租曲线，

它是由总产出$Q|_H$减去佃农的总成本Wt得到的。在没有地租分成率管制的情况下，雇用佃农的均衡数量是ot，此时总地租$R|_H$处于最大值。当雇用佃农的人数是ot时，总地租是tb（即$ta-ti$），且地主向佃农收取的地租分成率等于tb/ta（假设b成立）。在均衡时，佃农的边际成本等于边际产出，即：

$$\partial(Wt)/\partial t=W=\partial Q/\partial t$$

分成地租管制（比如地租分成率由70%减少到40%）的结果是，地主受到的分成管制约束由曲线$Q\bar{r}$来表示，其中Q代表总产出，而$\bar{r}$是受管制的分成率40%。也就是说，$Q\bar{r}$是由$Q|_H$曲线在每一点处向下移动40%得到的。另一方面，曲线$Q(1-\bar{r})$代表的是佃农在总产出中分得的总收入份额，且随着劳动投入的变化而变化。在$\bar{r}$以及耕作投入不变的局限条件下，地主在总产出中的份额将会是td，而佃农的份额则为tc（即$ta-td$）。但是，给定佃农的投入成本局限条件Wt，地主将会诱使佃农增加投入至t'，在$\bar{r}$和Wt的局限条件的约束下，$Q\bar{r}$和$Q(1-\bar{r})$都得到了最大化，也即$Wt=Q(1-\bar{r})$。在给定的土地面积上，佃农的雇用人数增至ot'，地主的份额将会是$t'g$，而佃农的份额为$t'e$。对于地主来说，受$\bar{r}$和Wt的局限条件的约束，总地租曲线就是粗实线$\bar{R}|_H$，它是沿着$Q\bar{r}$曲线自o点上升至g点，接着沿着$R|_H$曲线向下弯折。在$\bar{R}|_H$曲线上，由g到k的部分量度的是$Q|_H$和Wt之间的距离，代表在该区间Wt的局限条件比$\bar{r}$的局限条件更早地发挥作用。因而，曲线$\bar{R}|_H$在g点处具有不连续的导

数，且边际收入$\partial \bar{R}/\partial t$也是无法确定的，但$\bar{R}|_H$却是处于最大值。[1]如果未到自然局限的极限点（图中的j点），只要$Wt=Q(1-\bar{r})$，也即佃农从事其他活动所赚取的收入等于他从$Q|_H$得到的收入份额（参见图中的e点），$\bar{R}|_H$就可以实现最大化。因而，g（或e）点就是地主在政府管制$\bar{r}$这一局限约束下追求地租最大化时的新均衡。在这个均衡中，佃农的边际产出$\partial Q/\partial t$小于其边际成本$\partial(Wt)/\partial t=W$。

如果佃农从事其他经济活动赚取的收入较低，比如工资率为W'，佃农投入成本的局限条件便由虚线$W't$表示。给定这个局限条件，地主为了最大化收入仅让佃农增加投入至t''，$Q\bar{r}$此时处于最大值，且佃农劳动的边际产出等于零。由于自然的局限条件更早发挥作用，成本件$W't$的约束便不再对耕作强度的决策有意义。现在$\bar{R}|_H$将会在j点实现最大值，此时我们有：

$$\partial \bar{R}/\partial t=\partial Q\bar{r}/\partial t=\partial Q(1-\bar{r})/\partial t=\partial Q/\partial t=0$$

然而，在这种情况下，佃农的收入不仅超过其从事其他经济活动所赚取的收入，而且还会多出一个剩余；同时，由于我们假设地主不存在补偿性支付的可能，在$\bar{r}$的局限条件下，新的均衡便无法被确定。想象一下这种情况：当诱使佃农投入至t''时，地主可能想停下来；但是，其他潜在的佃农就会前来敲门，向地主许诺支付更高的地租分成和贿赂以获取租佃权。不过，$W't$的情况对

① 注意，只要佃农投入存在报酬递减规律，当分成率被管制时，地主的地租收入将不再会达到较高的初始水平。

于我们的分析并不重要，在$\bar{r}$的局限条件下，耕种的强度无论如何都会增加。

尽管在图 7 中没法方便地将土地的边际产出曲线画出来，但管制地租分成率影响资源配置的经济含义与之前所推导的结论是完全一样的。在分成率管制的局限条件下，资源将会从自耕农地、不受管制的租佃农地以及农业之外的行业转移到受管制的租佃农地中。此时，佃农的劳作时间更长，耕作强度更大，施肥成本更高，这些情况可能间或或者同时发生。佃农在租佃农地上增加额外的资源投入所带来的回报，将会低于相同资源在其他领域所产生的回报。

如果佃农耕作的劳动总供给曲线是向上倾斜的，耕作强度的增加将会引起工资率的上升，从而导致图 7 中的Wt曲线向上弯曲。这样，理论所推断的资源再配置将会在一定程度上受到抑制，但不会完全停止。只要佃农劳作更为卖力或者耕作时间更长，收入就会上升，但代价是牺牲了闲暇和舒适。只要地主的地租收入严格限于年产出的$\bar{r}$，收入就会下降。只要资源总体上从其他行业被转移到农业领域，农业的总产出就会上升。[①]但是，同样的资源在不同的行业部门中有不同的边际产出，这意味着社会既有资源的使用是无效率的。

① 这意味着，相对于其他产品的价格，农产品价格将会下降，并进一步导致佃农投入的边际产出价值的下降。不过，资源再配置的含义一般不会发生变化。

C. 管制的是固定总地租还是分成率？——1949 年规定与 1951 年规定的混淆

我们将在后面的两章中对耕作强度增加的含义进行验证，在此之前有必要指出，自 1949 年至 1951 年的租管时期，法律上并没有禁止地主削减承租人租种的土地面积，或者限制地主接受多个承租人竞争租佃权。但据多个作者所言，台湾的地租管制针对的是固定地租而非分成率，这意味着地主在土地上诱使承租人（佃农）增加投入的积极性就没有了。[①]这种对规定理解的混淆需要加以清理。作为一个典型例子，我们来引用西德尼·克莱因（Sidney Klein）的说法：

> 佃农有很强的动机把辛苦挣来的收入用于投资……根据减租规定，地租被锁定在标准或预期产出的 37.5%，而不是实际的收成产出，所以，佃农出售超出标准产量以上的那部分收成时，他们就可以占有全部的收益。[②]

克莱因的意思是，减租之后地主的地租收入根据某种标准而定，是固定不变的，因而佃农的积极性较高是因为他可以占有所有

① 如果没有补偿性支付，或其他比如发放土地出租许可证之类的办法，这种针对固定地租进行管制的均衡是不清楚的；可能的均衡结果将会有几种，且变化很多，以至于我们可以肯定均衡是不存在的。

② 西德尼·克莱因（Sidney Klein, *The Pattern of Land Tenure Reform in East Asia after World War II*, New York: Bookman Associates, 1958），第77页。

的剩余收入。但是，正如我们在本章开头所看到的，由于初始的地租分成率意味着佃农的边际成本等于其投入的边际产出，此时佃农增加任何投入都是不划算的。因而，如果地租减少到一个固定的总量，佃农在现有的农地上不会增加投入；尽管佃农为了获得租佃权愿意承担更多的投入，但地主对于这种投入的增加也不感兴趣。只有当地租分成率的上限被管制在低于均衡的水平时，佃农在竞争中才会愿意增加投入，因为这么做是符合地主利益的。

与其他几位作者一样，克莱因混淆了两组不同的规定：（1）1951 年的新减租规定；（2）1949 年 4 月实施的将地租分成率$\bar{r}$管制在 37.5%的规定。在 1949 年的规定中，地主的地租份额被降低至 37.5%是基于年产量而非标准的产量。

在讨论正确的规定之前，我通过引述规定制定者的看法来立即驳倒克莱因的认识。陈诚在他 1951 年的一本书中谈及 1949 年的 37.5%最高地租分成管制条例时写道：

> 这个办法的实施只花了三个月的时间，从 1949 年 4 月到 6 月，所有的租约均已签订完毕……几乎难以置信的是，该办法的实施是如此平稳……最重要的因素是，1949 年水稻的产量比前一年增加了 20%，地主得到了与之前大致相同数量的粮食，由此在大多数情况下避免了地主遭受重大的损失。[①]

---

① 陈诚，《中国土地改革的分析方法》（*An Approach to China's Land Reform*, Taipei: Cheng Chung Book Company），1951年，第24—25页。

此外，根据官方的报告，将台湾土地改革的第一阶段与早些年在中国大陆几个省进行的土地改革进行对照，可以看出二者的基本差别在于减租的比例不同：在中国大陆，地租分成率由最初的水平下降了25%；而在台湾，最高地租分成率一律降至实际产出的37.5%。[①]而且，台湾执行减租政策是要在收获季节对产量进行核查的。[②]如果真的是依据固定总额而不是分成率进行减租的话，那么就根本不需要对产量进行核查。

让我们仔细地追溯，这种针对分成率的管制是如何被误解为以固定产量为标准的减租政策的。回到1949年的实施方案，我们可以找到下面这段内容：

> 本省私有耕地之租用，在未经依法规定地价前，应依1947年3月29日训令之规定，其地租租额不得超过正产品全年收获总量千分之三百七十五，其约定地租超过千分之三百七十五者，应减为千分之三百七十五，不及千分之三百七十五者，依其约定。
>
> 前项所称正产品以已往习惯所缴之产品为主。[③]

① JCRR，《年度报告》，1965年，第9页，斜体字补充说明。还可参见JCRR，《综合报告》（*General Reports*），第1、2卷（台北：1950年和1952年）。

② 参见本书第五章。

③ 第2款，参见汤惠孙，“《自由中国之土地改革》”（Hui-sun Tang, *Land Reform in Free China*, Taipei: JCRR, 1954），第221页。我对汤的译文中一个重要的错误给予了纠正，也即“main crop”应该写作“main crops”。在中文中，没有确切表示的数字就意味着复数，而原文中并没有表明具体的数字。这在后面将会更为清楚，规定制定者的意思是说每一时期每英亩土地的一种“正”产品。

需要说明几点。首先，对土地年产量（不是土地的价值）的评估是在两年后才进行的，但这主要是应地主的要求。地主要求这种评估显然是希望按评估产量的37.5%就可以获得确定的地租收益，同时也是期望评估的产量足够高，从而可以得到与减租前一样多的地租。地主其实不应该这么想，因为官方评估最终是偏向佃农的利益。①不管怎样，这种评估还是在1952年2月得到正式批准，但后来却几乎找不到它被实施的证据。

其次，“1947年3月29日训令”指的是在中国大陆几个省正式实施的减租法令。由于国民党自1948年到1949年初逐渐地撤退到台湾，他们把台湾看作中国的一个省。因此，1949年4月宣布和实施的台湾减租政策就被认为是他们在大陆推行减租政策的一个延续。最初在中国大陆实施的时候，减租政策主要局限于湖北省和四川省，同时“确定正产物总产出的办法，是以地主和佃农的联合报告为准”。②台湾在1949年推行地租分成率管制之后，这个办法基本上没有改变，有关分成的纠纷是由当局官员调查和解决的。

再者，“已往习惯所缴之产品”显然是指任何农作物，只要它们是在合约中规定耕种或轮作的。引文中的“正”（main）一词显然是为了限制这样一种补偿性支付的形式，即地主可能在减租之后要求分享所有农作物，因为之前在一些分成合约中，某些由佃农耕

① 参见JCRR，《年度报告》，第20—26页。

② 陈诚，《中国土地改革的分析方法》，第14页。根据其他资料，如果不存在有关分成的纠纷，实际产出的“报告”程序往往就被省略了。

种的“谷物”并没有与地主分成。[①]不过，我们没有找到这个政策曾经被实施过的证据。在一块农地上被合同规定为“谷物”的，在另一块农地合约中就有可能被看作是“正产品”。此外，在2至6年轮作的耕地上很少种植同一种作物，所有正常轮作的作物都可以看作“已往习惯所缴之产品”。[②]

由上可以清楚地看到，地主的总地租收入并非是不变的，这意味着佃农投入是增加的。实际上，规定为不变的是年产出的地租分成率。

但1951年6月关于分成的规定是非常不同的：[③]

> 第2条　耕地地租额不得超过主要作物正产品全年收获量千分之三百七十五……前项所称主要作物，系指依当地农业习惯种植最为普遍之作物，或实际轮作之作物。所称正产品，系指种植农作物之主要产品而为种植之目的者。
>
> 第4条　耕地主要作物正产品全年收获总量之标准，将按照所属等级评议。

注意：(a)第4条中的内容在1949年的条例中完全没有被提及，在1951年的规定中，甚至使用了将来时态“将……评议”；(b)新规定中的所谓主要作物同样是——即便有可能——很难界

① 参见本书第五章。

② 将“主要需求”（chiefly wanted）的农作物翻译作“正”（main）产品，或许会引起某些误解。

③ 陈诚，《台湾土地改革纪要》（Cheng Chen, *Records of Taiwan Land Reform*, Taipei: Chung Hua Book Company, 1961），第181页。

定的，因为任何作物都可以轮作。事实上，新规定没有一个新增的条款真正实施过，正如我们在第一章所提到的，因为1951年规定的实施细则直到1952年才拟好，而此时另一项土地改革计划正在酝酿之中。

这里我们感兴趣的是，为什么官方的分成办法发生了改变。答案是清楚的。陈诚降低分成率主要是为了实行有利于佃农的收入再分配，这是针对佃农遭受剥削的观点所做出的一种政治回应。但在租管中，地主通过诱使佃农增加耕种的强度抵消了佃农多得的收益，并成功恢复了部分地租收入。在1951年早期，陈诚曾经打算禁止地主要求佃农承担更多的投入，但这从来未被写入法律。[①]人们曾经一直期望，地主因为租管将会疯狂地将土地以较低的价格出售给佃农，进而使土地分配更加公平。但正如我们在上一章所看到的，在租管中，土地以卖断的方式转让给佃农的情况非常少。因而，在1951年6月，台湾推出了进一步的减租办法，并打算在1952年初实施。但是当局不久就意识到，新条例即便能够实施，其执行费用也会非常高。只剩一种对佃农有利的收入再分配是可靠的：强制性地以较低价格从地主那里购买土地，并以相同的价格出售给佃农。这就是被称为"耕者有其田"的改革计划，于1952年精心起草并在1953年正式实施，在此计划下不允许私人土地的转让。

① 陈诚，《中国土地改革的分析方法》，第29页。

1951 年的规定尽管没有实施，但却被大肆宣扬，让人感觉它似乎在 1949 年就开始实行了，而且大部分官方文件实际上完全删除了 1949 年的规定内容。陈诚自己曾经说，由于租管后产出大幅增长，地主的地租收入几乎与减租之前一样高，但在 10 年之后的 1961 年，他的语气有所改变，并声称收入再分配完全符合改革初衷——这种说法作为一种政治宣传是可以理解的。[①]

转向直接限制地主诱使佃农增加耕作强度的法律，我在截至 1949 年的法规中只找到一条相关的规定：

> 出租人依法律规定出租土地收回自耕时，其收回土地并同原耕地，每户总面积应予以限制。[②]

这条规定的目的是限制地主收回部分土地，显然是根据早期在中国大陆实行减租政策的短暂经验而起草的。但是，该禁令并没有如规定所说的那样被强制执行，直到 1953 年实行“耕者有其田”计划才真正得以实施。此外，1949 年 4 月，当局敦促通过合约再谈判以实现较低的分成率，允许地主可随意减少佃农的耕地面积。最终，地主没有收回土地，而是通过增加佃农的投入达到了同样的效果。

---

① 陈诚，《台湾土地改革》，台北：“中国出版有限公司”，1961年，第309页。

② 第2条，汤惠孙，“《自由中国之土地改革》”，（Tang, *Land Reform in Free China*），第222页。注意，这个规定在后来1951年的条文中被删除。（根据《台湾省私有耕地租用办法》的原文，这一条是第11条，并不是第2条。）——译者注

总之，根据佃农理论的含义，1949 年实行的租管政策显然导致耕作投入强度增加。由于新规定是在 1952 年生效的，我们在后面几章中将假说的检验主要限于四个年份里。1948 年将被当作地租分成率管制之前的基年，1949 年至 1951 年代表之后的年份。租管政策正是在这后三年得到了强有力的执行，因而用来恢复租佃制下资源使用的初始状态的补偿性支付以及产权转移活动并没有大规模发生，同时我们确信耕作强度的调整没有受到限制。

D. 关于产权分配和资源配置的题外话

在这一节里，我力图从产权的角度更深刻地探讨分成地租管制的理论结果。

为了这个讨论，我将引入一个操作性的概念：个人排他性地使用资源的权利与他通过使用资源获得不受削弱的收入（或年租金）权，这二者是相辅相成的。换言之，如果资源的使用权是排他的（即个人拥有的产权不受他人行为的干预），则由此而来的收入权也是排他的。“收入”在这里是一个广义的术语，包括货币的和非货币的收入流。产权在市场上的可转让性对于实现资源的最高价值是非常重要的。假设不存在交易费用，为所有权而展开的竞争将会实现资源的最高价值。

对于从私人财产资源获取收入的权利，当局可以通过干预分成率或管制价格的方式对其进行削弱。在后一种方式中，只有存在许可证或配给之类的其他相关的管制手段，现有的经济理论才可以推导出均衡解（从而推断出一组与资源使用有关的行为）。另一方面，以干预分成率的方式削弱收入权往往会产生一组特定的局限条件，这为理论求解提供了可能，因为管制限制了选择范围，根据理论可以推断出人们选择行为的变化。

通过干预分成率的方式削弱资源使用的收入权——未被具体的个人（或多人）占有和分配到的那部分收入是不断减少的——会产生与削弱资源使用的排他权一样的效果。[①]考察一下台湾的地租分成率管制。在自由市场上，地主有权享有土地年产出的一个比例r，以作为他因拥有土地使用排他权而得到的收入。当分成率被管制在$\bar{r}$的水平时，假设不存在要素投入的调整，地主由资源所有权获得的收入减少了（$r-\bar{r}$）$/r$。我们要问：这部分地租收入的权利究竟分配给了谁？就我们所研究的台湾现有规定和执行情况来看，在租管中，这部分收入的权利并没有被排他性地分配给佃农个人。这个来自土地的未分配收入便成为一个剩余，所有潜在的佃农都可以为此而展开竞争。

考虑另外一种情况。在租管中，如果地租的一部分（$r-\bar{r}$）$/r$被排他性地分配给单个佃农（或多个佃农），如根据给定土地的市值发行股票，那就形成了土地的联合所有权。由于所有权的回报全部

① 这与收入税应该有所不同，收入税是由政府获得。正如下面讨论所暗示的，对于资源使用进行征税所导致的资源错配并非来自税本身，而是来自这样一个事实：没有政府官员因此被赋予对资源使用进行决策的权力。

分配给私人个体，每个联合所有者对于他所占有的资源份额都拥有决策权。当土地的地租收入权是完全排他的或者未被削弱，资源的使用权因而也就是完全排他的。各种形式的产权转让将会确保每份资源的价值是由市场来决定。所隐含的资源使用因而也与分成地租管制之前的情况完全一样。这意味着，租管中的资源配置无效率并非因为地主的收入份额减少了，而是土地的收入权没有被完全排他地进行分配。换句话说，在台湾的租管中，土地所有权不再是完全排他性的。

让我再做进一步的探讨。不妨回想一下，在租管中，佃农劳动的边际产出是下降的，而土地的边际产出则是上升的。但只要地租分成率大于零，佃农的边际产出将永远不会变为负值。（施加租管局限后地主追求最大化的行为表明了这一点。）假设地租分成率以及土地所带来的非货币收益被降低为零，即土地所有权只剩下一个名义，不会带来任何形式的收入。暂且回到图 7。佃农之间的竞争将会推动要素投入增加至 k 点，此时工资率等于劳动的平均产出，也即土地的地租收入完全被耗尽。此时，劳动边际产出可能会是负值，取决于生产函数和工资率。[①]也就是说，如果土地的全部收入没有被分配给任何个人或私人参与方，土地便是一种公共财产的资

① 在这里以及我早先的论述中，如果 $\bar{r}>0$，佃农劳动的边际产出将永远不会是负值。如果劳动的边际产出在某个范围内始终为正，当 $\bar{r}=0$ 时它也是正的（条件是工资率等于劳动的平均产出）的话，那么上述结论将会更加可靠。在这种情况下，由于 $\bar{r}$ 的缓慢下降，佃农投入的增加也将是缓慢的和连续的。理论上，劳动边际产出为负不仅要求 $\bar{r}=0$，而且还要假设产权人不能拒绝佃农的竞相耕作。

源（在我们的例子中是顶着私人财产的名义），而人们竞争性使用意味着，非土地资源会不断地配置到土地上，直到土地的收入（租金）变为零。[①]

由以上分析，我们可以得出一个一般化的结论：对于任何包含两种资源要素h和t的生产函数，如果h的部分收入权利——无论多么少——没有被独占或者排他性地进行分配，t/h在竞争中将会趋于上升，也就是t的边际产出下降，h的边际产出上升；随着h的未分配收入增加，t的边际产出会越来越低，如果h的全部收入未被分配给任何私人参与方，t的边际产出可能会变为负值。我们不妨将之称为“产权分配的生产定理”。

① 斯科特·戈登（H. Scott Gordon, “The Economic Theory of a Common-Property Resource: The Fishery,” *Journal of Political Economy*, August, 1954.）采取稍许不同的分析方法也得到了这个情形。而且，这也隐含在庇古教授那个想象出来的两条道路例子中，奈特教授对这个例子进行过详细的分析。参见庇古（A. C. Pigou, *The Economics of Welfare*, London: Macmillan, &Co., 1920），第194页；奈特（F. H. Knight, “Some Fallacies in the Interpretation of Social Cost,” *Quarterly Journal of Economics*, vol. 38, 1924）。

在我看来，理解租值耗散的正确分析方法应该是类似于允许自由进入的古诺寡头解：用租值收入代替垄断租，劳动的总平均产出代替产出的市场需求，正的工资水平代替零生产成本。

第七章　分成地租管制中投入调整的证据

根据佃农理论，分成地租管制对资源配置的影响可以概括如下。最高分成率管制抑制了由市场决定的地租分成率。如果没有充分的补偿性支付和土地使用权再安排使资源使用恢复到初始状态，佃农赚取的耕作收入将会超过其从事其他经济活动所赚取的收入；但佃农之间的竞争增加了非土地的耕作投入，抵消了他们多得的剩余收入（除非非土地投入的边际产出变为零）。在分成率管制有效实施的情况下，分析的重点应该更多地放在最大化农作物的总产值上，而非农作物产值减去非土地成本的净值。尽管地租分成率较低，但由于亩产水平上升，地主的地租收入仍然可以通过较高的产出得到部分补偿。

资源将会从其他使用领域进入租佃农地中。随着更多的资源进入租佃农地，土地的边际产出将会高于——佃农投入的边际产出会低于——相同资源在其他领域使用中所带来的边际产出。这意味着，佃农投入的边际产出低于相应的边际机会成本；同理，佃农投入的投资回报率低于市场利率。

以事实验证这些含义存在多个细节上的和技术上的困难。首先，由于1947年之前在打仗，而1953年后台湾又推行了多项农业改革计划，所以我使用的数据主要是限于1948年与1951年之间，尽管偶尔也会用到1947年和1952年的数据。[①]如果能有横截面数据的话，我们会加以重视。其次，由于本研究所考察的时期存在通货膨胀和发行新货币的问题，这让我不得不剔除价格方面的数据。比如，不同农作物是在不同时期耕种的，通货膨胀使得农作物的相对价格数据变得毫无用处。再者，对于大部分现有资料，我们很难将自耕农地与租佃农地区分开来。因而在下一章，我将根据资源受减租影响的程度对台湾各县进行排序。最后，由于技术上的原因，我不用数字来量度边际生产力的变化。我们仅对这些变动的含义进行验证。

有关台湾的经验观察将用两章的篇幅展开分析。在本章中，我集中分析要素资源的再配置。在下一章，由于农作物产出方面有更多的数据，我将对产出的变动做更为细致的处理。我尽可能地从第一手资料中选取数据。

① 关于1942—1946年农作物的产出不稳定，参见JCRR，《台湾农业统计，1901—1955》（台北：1961，特别是第20—21页的稻谷产出）。直到1948年，生产才大致上恢复到战前水平。正如上一章所指出的，对于1952年，我们并不确定农作物分成的实际情况。自1953年后，不仅大规模的“耕者有其田”计划得以推行，而且当局在施肥以及灌溉方面进行了大量的补助。参见沈（Tsung-han Shen, *Agriculture Development on Taiwan since World War II*, New York: Comstock Publishing Associates, 1964）；经济政策办，《台湾化肥业》，油印稿（Office of Economic Policy, “the Taiwan Fertilizer Industry,” mimeographed, U.S. AID Mission to China, 1962）；以及拉达和李（E. L. Rada and T. H. Lee, *Irrigation Investment in Taiwan*, Taipei: JCRR, 1963）。

1949 年 4 月合约再谈判之后，不超过实际年产出 37.5%的统一地租分成率开始正式生效，而耕作投入强度的调整便以不同的方式出现了。

A. 劳动投入强度的调整

在本研究所涉及的时期内，尽管台湾人口数量有所增加，但平民的劳动力人口是下降的。人口数量的增加在很大程度上是青少年的增加，国防力量也由此得到了增强。[①]

在表 2 中，第 1 栏是租管期间农民人口的指数。这个数据显示了劳动资源由其他部门转移至农业领域的总体情况。由于该时期耕地面积几乎没有变化，[②]结果是农民人均持有的土地面积减少了（第 6 栏）。第 2、3 栏是自耕农和佃农的人口增长指数，自 1950 年后，前者的增速快于后者。这也是为什么佃农与自耕农之比在 1950 年和 1951 年是下降的（第 4 栏），该比值是由实际人口计算出来的。

① 参见沈，《台湾农业发展》（Tsung-han Shen, *Agricultural Development on Taiwan*），第19章。

② 参见本书第八章，表3，第6栏。

表 2　租管前后租佃农地和自耕农地中劳动投入强度的变化

年份	指数			比率*		劳动投入强度*				
	(1) 耕作人口	(2) 自耕农人数*	(3) 佃农人数*	(4) 佃农人数/自耕农人数	(5) 佃农人数/自耕农人数	(6) 农民人均土地面积(公顷)	(7) 自耕农人均土地面积(公顷)	(8) 佃农人均土地面积(公顷)	(9) 每份租约的土地面积(甲)	(10) 每块土地的面积(甲)
租管前										
1946—1948 年	—	—	—	—	1.29	0.210	0.202	0.218	不详	不详
1948 年	100.0	100.0	100.0	1.15	—	—	—	—		
租管后										
1949 年	102.6	103.3	103.6	1.15	0.81	0.204	0.242	0.171	0.695	0.323（1949 年 12 月）
1950 年	105.8	107.9	105.1	1.12	0.80	0.200	0.235	0.167	不详	不详
1951 年	110.1	119.7	103.8	1.00	0.68	0.193	0.228	0.155	0.679	0.315（1951 年 6 月）

*不包括半自耕农。

资料来源：第 1、2、3 栏中计算的数据来自台湾省农林局的《台湾农业年鉴》(台湾省政府，1952 年，第 2 节 B)。第 4、5 栏中计算的数据来源同上（1951 年，第 1 节）、JCRR《台湾农业统计：1901—1951》(台北：1956，第 12 页）以及 JCRR 的《年度报告》(油印稿，台北：1965，第 8 页)。第 6、7、8 栏中计算的数据与第 1 至第 5 栏来自同样的资料。第 9、10 栏中计算的数据来自 JCRR 的《年度报告》，第 35—36 页；陈诚的《中国土地改革的分析方法》(台北：正中书局，1951 年，第 26 页)

但是，租佃农地与自耕农地之比下降的幅度更为明显。租管之前，56.3%的私人土地是租佃农地。1949 年 12 月——租管后的大概 6 个月——租佃农地只占 44.5%。[①]这表明，有 20.9%的租佃土地转为自耕地。在这部分转移的土地中，只有 2%—3%可以由租约撤销和佃农购买土地来解释。[②]因而，转移的主要原因是地主从佃农那里收回了部分土地，而这部分收回的土地并不包括撤销租约的土地。

当局并没有禁止地主通过收回部分土地的方式减少每份租约的土地面积。对于以这种方式收回的土地，地主可以自己耕种，雇人耕种，或者直接将土地出售给佃农以外的人。这些收回的土地，加上佃农从地主那里购买来的土地，可以用来解释自耕农的增加。另一方面，地主还可以将收回的部分土地出租给新进佃农，因而导致第 3 栏所示的佃农人数和租约数增加。

所有这些原因解释了第 7 栏和第 8 栏中的数值，这可以被看作“关键验证”（critical experiment）的结果，意味着耕作强度增加假说得到了证实。租管中，以农户人均土地面积（公顷）来量度，自耕农人均持有的土地面积是增加的，而佃农人均租种的土地面积则是减少的。数据不仅证实了资源再配置的确发生了，更确切的是，租管中租佃土地的劳动投入强度显著高于自耕农地的劳动投入强度。

---

① 参见本书第八章，表4，第1栏。还可参见表2中的资料。

② 参见本书第五章，C节。

这里要做几点说明。首先，第7栏和第8栏中给出的数值显示，租管之前，单位佃农租种的土地面积略微大于单位自耕农耕种的土地面积。这在很大程度上是因为有一小部分出租给佃农的土地是公有土地，据称这部分土地的劳动投入强度较低。[①]但由于缺乏数据，我们无法将这部分佃农从那些租种私人土地的佃农中区分开来。因而，与其做一个粗略的估计，还不如一直保留这个偏差。若修正这个偏差，第8栏的所有值将会略有减少。其次，地租管制是针对所有佃农合约实行统一的37.5%分成率，而一些佃户并不受这种管制的影响（参见第八章表4）。如果将不受影响的佃农由第8栏转移至第7栏——就我们现在的目的来看这样做是合适的，这两栏之间的数据在1949年之后的差异更大。[②]最后，很明显的是，劳动投入的强度很快发生了重大的调整，而在1949年之后，进一步的变化则相对较小。这也可以从第9栏和第10栏中看出来，其中单位租约中的平均土地面积在1949年12月至1951年6月仅有轻微的下滑。

① 参见JCRR，《年度报告》，1965年，第47页。1948—1950年，大约6%的总耕地是作为公有土地出租给佃农的，据称所收取的地租是年产出的四分之一。但是，资料中并没有记载最终的土地面积以及所涉及的佃农人数。一部分公有土地在1951年出售给了佃农，部分导致自耕农数目的显著增加（表2，第2栏），并进一步导致1950—1951年佃农租种土地面积的下降（第8栏）。关于私人土地，各地所发现的一些零星证据表明，租佃农地由于水田的数量较多，其劳动投入的强度略高于自耕农地的劳动投入强度。参见台湾省农林局，《台湾农业年鉴》（Department of Agriculture and Forestry, *Taiwan Agriculture Yearbook*），1951年版（台北：省政府，1951），第1、2节。

② 现有数据只有受影响的佃农家庭数目，而没有这些家庭中的耕种人数。

佃农人均租种土地面积的减少，并非是判断劳动强度增加的唯一方式。给定一定佃农人数在不变的土地面积上进行耕种，劳动投入的增加可以在一年中工作更长天数，也可以在每天中工作更长的小时数。租管之前，据称“耕种收入常常不足以维持生活开支，佃农需要依靠非农业经济活动的额外收入”。[①]在1953年实行“耕者有其田”计划之后，农民也常常从事农业以外的工作，但此时的语气就变为“农民的社会地位发生了许多变化……劳动力从农业中转移出去或者投入更多的劳动于副业之中”。[②]

但是，在1949—1951年，据报道“减租政策实施后……大大鼓舞了佃农耕作的热情，他们无不尽其所能，以求增加生产”。[③]而且，在一个有着140个佃户的村庄中，“新建房屋者七家，修理田寮者二十家……”[④]

---

① 李（T. H. Lee，“Impact of Land Reform on Agriculture Development and Rural Employment in Taiwan,” JCRR mimeograph 63-RED-M-176），第2页。

② 同上，第6页。1953年之后，各种报告显示，农民一年中很少会耕种超过200天，具体取决于当局所分配的土地面积。参见阿瑟·彼得森（Arthur W. Peterson, “An Economic study of Land Use in Taichung Hsien and City, 1960,” mimeographed, Tai-chung: Research Institute of Agricultural Economics, Chung Hsing University, 1961）；农业普查委员会（Committee on Census of Agriculture, *General Report on the 1961 Census of Agriculture*, Taipei: 1963），以及Nien-tsing Lu（*An Analysis of Farm Family Economy of Owner-Operators under the Land-to-the-Tiller Program in Taiwan*, Taipei: the Research Department of the Land Bank of Taiwan, 1965）。

③ 陈诚，《台湾土地改革纪要》（*Records of Taiwan Land Reform*, Taipei: Chung Hua Book Company, 1961），第37—38页。

④ 同上，第39—40页。关于其他类似的例子，参见第一章B节引用的资料来源。

B. 肥料和其他投入在质量和数量上的变化

租管期间，有关肥料投入的观察显示，农家自制肥在向商业肥转变。后者的成本显然更高，当然也更有效。[①]在自由市场上，无论是由地主还是佃农来承担成本，肥料的施用在量和质上必定是符合地租年金最大化的。但在租管期间，如果可以带来更高的年产出，佃农会使用成本较高的肥料，这不仅有利于地主，也是佃农之间的竞争所要求的。

从施用总量来看，以 1948 年为基年，商业肥在 1949 年增加了 18.6%，在 1950 年增加 120.5%，1951 的施用量水平与 1952 年相当。[②]另一方面，农家自制肥在 1949 年下降了 8.4%，1951 年下降了 13.5%，1951 年的施用量与 1950 的施用量相当。[③]在商业肥中，矿物肥（化肥）在同一时期增加了两倍半之多；有机肥在 1950 年

---

① 沈，《台湾农业发展》（Tsung-han Shen, *Agriculture Development on Taiwan*），第136—139页，第187—188页等。通常的做法是，肥料和种子由佃农提供（农舍往往由地主提供）。肥料的质量变动代表着耕作强度的增加，而非补偿性支付。

② 台湾省农林局，《台湾农业年鉴》（1952年），第5节C。注意，在1948年之前，商业肥的施用还不存在一个清晰的增长趋势。不考虑1947年之前的战争年月，商业肥的施用量在1947年到1948年之间是下降的，而此后的上升趋势则是明显的。我们认为，肥料施用在质量上所发生的这种变化可以证实耕作强度增加假说，这一定不能与1953年之后商业肥施用的进一步增加相混淆。参见经济政策办，《台湾化肥业》，第3页。

③ 台湾省农林局，《台湾农业年鉴》（1952年），第5节D。用绝对重量来度量（也许不是合适的度量方式），农家肥的减少幅度大于商业肥的增长幅度。

增加了三分之一，之后有所减少；施用量一直较少的动物肥也有所减少。[①]施用的数量一样时，矿物肥（化肥）的成本是最高的，同时也被认为是最有效的。[②]

1948—1950年，农家自制肥中下降幅度最大的是熏肥（burned soil），下降了50.1%。这与商业矿物肥的大幅增长形成了鲜明的对比。另一个下降幅度较大的是绿肥（green manure），下降了45.1%，并由商业有机肥所替代。除了熏肥和绿肥之外，其他如牲畜粪、稻壳、灰、秸秆和人粪等农家自制肥也有小幅下降。[③]

关于肥料在质量上的变化，最有趣的莫过于绿肥的商业化。尽管上面提到绿肥作为肥料的施用量是下降的，但绿肥作物的生产却并没有下降。[④]租管之前，农民很少收割绿肥作物，而是将其翻入土中作为肥料。但在租管之后，绿肥的直接施用量减少了。部分作物收割后被加工成饼状，然后作为商业有机肥在市场上销售。除了较高的加工成本以及施用较为方便之外，销售绿肥还有另外一个原因。收割绿肥作物可以为其他作物的轮作及旱地腾出土地，因而为租佃农地加快轮作创造了条件，这也是耕作强度增加假说所隐含的。

上述肥料施用所发生的变化，与台湾省土地局提供的报告是相吻合的，该报告指出，佃农收入增长的大部分都投入了农地耕种方

---

① 台湾省农林局，《台湾农业年鉴》（1952年），第5节C。

② 沈，《台湾农业发展》（Tsung-han Shen, *Agriculture Development on Taiwan*），第136—139页，第187—188页。还可参见经济政策办，《台湾化肥业》。

③ 台湾省农林局，《台湾农业年鉴》（1952年），第5节D。

④ 同上，第3节V。

面。[①]据称，在 1950 年，39.8%的佃农收入增长花费在了肥料上，14.2%用来耕畜养殖，12.8%投资于耕种设备。除了住房、健康以及其他杂项支出——这些既是消费支出也是投资支出——从纯消费支出增长占佃农收入增长的比例来看，吃穿方面占 7.3%，而娱乐方面为 2.3%。

C. 结论

需要承认的是，本章所提供的数据是不充分的。关于劳动资源的再配置，我们缺少农民人口数据统计方式的信息。农民人口能否正确地度量实际的耕作劳力，也可能存在疑问。有关佃农在租管后工作更长时间的各种报道，依据的仅仅是几个样本。不过，佃农租种的土地面积显著减少还是一个较为充分的证据。对于肥料投入的调整，由于缺乏数据，我们不确定肥料支出的增长是否主要发生在租佃农地中。但可以得出结论，与资源再配置有关的现有证据与耕种强度增加假说的含义还是一致的，同时我也找不到与该假说不一致的证据。在下一章考察各种农作物产出行为的时候，我们将会看到更有力的证据。

但在台湾租管时期，佃农投入强度的大幅增加一直被改革者以及台湾经济学家认为“意义重大”。人们曾经提出过几个假说来解

① 台湾省土地局，《耕地三七五租管方案实施》，油印稿（1950），第37—38页。

释这个现象。这些假说具有两个共同的观点。[①] 如果接受前面所提到的投入调整的证据，那么我们就不会认同台湾改革者用来论证改革是“成功”的观点。

他们的第一个观点是基于这样一种断言：佃农耕作方式从一开始就是无效率的，而分成率管制能够提高土地使用效率。他们认为，佃农耕作的积极性在分成租佃制中不高，因为部分产出被地主拿走了。根据这个观点，由于佃农投入的边际产出大于边际成本，佃农的投入在自由市场中始终是“无效率的”，所以，降低地租的分成率可以激励佃农增加投入。这个观点实际上暗示，只要分成率大于零，租佃农地中的投入将永远不会高于自耕农的投入水平。但根据我的佃农理论，在不受限制的私人产权制度中，自耕农地与租佃农地在资源使用方面具有同等的效率。而在地租分成率管制的情况下，耕种强度增加假说意味着，将会有“过多”的资源被配置到租佃农地中。那么，哪一个才是有用的假说？

根据来自亚洲农业的证据（参见第三和四章、本章的A节，以及附录B），我们发现，在没有管制的私人产权制度中，耕作投入的强度在不同土地使用权安排的农地之间并没有显著的差异。但是，正如表2的第7栏和第8栏所显示的，在1951年分成率管制期间，单位租佃农地上的耕种人口（需承认这是劳动投入的一个粗

① 参见本书第一章B所引用的资料来源。

略估计办法）比自耕农土地上的耕种人口高出47%。[①]而且，这还不包括前面所揭示的佃农其他投入增长。租佃农地在劳动—土地比上显著高于自耕农地说明，佃农劳动的边际产出低于相同资源在其他地方使用所带来的边际产出。

第二个观点是基于所谓的投资能力。他们认为，佃农的收入水平在分成率管制中较高，使得佃农有更强的投资能力，这带来了较高的耕种投入水平以及更为有效率的资源使用。但是，只要投资于农地的产出回报高于利率水平，地主或佃农都会进行投资。比如，如果成本较高（肥效高）的肥料能带来较高的年租金，即使没有地租分成率管制，这些肥料也会被使用。认为佃农收入较低导致投资不足的说法，既忽略了佃农可以通过市场进行借贷的可能性，[②]也没有看到地主还可以投资于土地，并收取一个较高的地租分成率。

据称，1949—1951年的利率处于台湾有记录以来的最高水平。[③]

① 这是用0.228的倒数除以0.155的倒数，然后减去1得到的。有趣的是，中国学者为了支持自己的观点，仅仅强调增加的佃农投入。由于1951年部分公有土地出售给了佃农（回忆下，只有一小部分租佃农地为公有），或许1951年要比1949年和1950年能够产生更好的近似值。如果把不受影响的租佃农地移到第7栏，租佃农地上的劳动与土地之比会稍高些。另一方面，由于大部分水田是在租佃制下耕作的，佃农耕作强度增加会有点影响（参见第八章中的表4）。

② 欧文·费雪（Irving Fisher, *The Theory of Interest*, New York: Macmillan Co., 1930）；杰克·赫舒拉发（Jack Hirshleifer, "On the Theory of Optimal Investment Decision," *Journal of Political Economy* , August, 1958）。

③ S. M. Yeh（*Rice Marketing in Taiwan*, Taipei: JCRR, 1955），第73—74页。当时，商业利率大约为每月4%。但是，"这些银行所收取的利率一律受到管制，该利率大幅低于当地货币市场上通行的利率水平……并不是所有米商都能够从中得益，因为他们大都很难从银行获得所需的贷款"。

当时的通货膨胀率似乎并不能完全解释为什么利率显著高于之后年份的水平。[①]在同一时期，佃农耕作强度也经历了台湾有记录以来的最大增长。这种看起来相互矛盾的现象（因为政治不稳定和较高的利率会降低投资的积极性）与我们的耕种强度增加假说是相一致的。最后，投资的增加并不必然意味着资源使用会更有效率。利率量度的是各种投资选择的回报率，有效率的资源配置要求边际回报处处相等。

① 正如我们在前面脚注中所看到的，在1949—1951年，货币的利率在每年50%左右，相比之下，1953年之后则在20%左右。有两个原因使得人们会认为，1949—1951年的真实利率水平也较高。首先，1949年发行新货币之后，1950—1951年的米价上升幅度一直不到15%的水平。因而，预期通胀率应该远远高于实际水平，才能消除真实利率与之后年份的差异。其次，1953年之后，台湾依然持续通胀，尽管通胀率有所下降。

第八章　耕作强度增加假说的含义：作物选种模式、公顷产量和边际生产力

不妨回想一下，耕作强度增加假说指出，分成地租管制下人们倾向于在每个时期追求单位土地面积的农作物总产值的最大化。由于不同作物具有不同的产值，且不同作物的自然属性需要有不同的耕作投入强度，这意味着耕种作物的选择也存在着特定的模式。也就是说，在施加了分成地租管制的局限条件后，理论可以推断出作物选种模式的变化。观察到的各种作物的产出行为与理论推断的作物选种模式相一致，反过来也提供了证据证明租管下租佃农地的土地边际产量上升，以及佃农投入的边际产量下降。

因此，在这一章中我要做两件事：其一是探究租管之后台湾的作物选种模式；其二是将能观察到的作物平均亩产的相关变动与不

能观察到的耕种投入的边际产量的变动之间建立联系。①

A. 量度

我先对将要用到的一些术语的含义做些说明。

耕地和种植面积

在我们的理论讨论中，“土地面积”（land area）是指耕地（cultivated land）面积。将台湾的一小部分公有耕地排除在外，所有私人拥有的且用于耕种的土地均包含在耕地面积之内，不管这些土地每年种植多少作物或是否种植作物。我们在分析分成租约中的地租或者每位佃农所分配到的土地面积时，这种（物理）空间面积是一种合适的量度方式。②在本研究所涉及的时期内，台湾的耕地

① 由于以下内容将会大量用到《台湾农业年鉴》里的数据，其数据收集的方法值得重视。台湾省农林局局长张研田（Yen-Tien Chang）的信件提供了如下的信息：

1. 三个层级的农作物报告员负责收集所有农业方面的基础性数据……720名镇级报告员负责实地调查，并将收集到的数据提交给县政府。每个县政府有两个农作物报告巡查员，共计44人，他们领导和督查镇级报告员的数据收集工作。在经过检查和加工处理之后，县级报告员再将数据提交给台湾省农林局。

2. 每公顷产量的数据是根据样本切片的方法计算而来的。通常，每个样本从每100公顷的土地中抽取。每年分四次进行调查以记录所发生的变化……

3. 其他数据，比如耕种面积和耕种人口的数据，分别来自省土地局和省内务厅。

② 耕地与可耕地（arable land）不同。后者的面积是由土地局根据某种地区标准来估算的。严格来说，所有土地都是“可耕地”，但土地是否在经济上具有耕种价值则是另外一回事。

面积仅略有增长，这部分是因为新开垦的土地（可耕地但非私人所有或耕种过的）带来零或较低的耕种回报，更主要的是因为这些增量土地都是公有的。[①]这点反映在表3的第6栏中。

耕地面积在时间上相当缺乏弹性，但种植面积（crop area）却不是这样。[②]举例来说，假设在一年中，1公顷耕地上只种植了一茬稻子，种植面积就是1公顷。如果在同一时间（一年）、同一块土地上，农民轮作一茬稻子、一茬甜薯和半茬蔬菜，那么种植面积便是2.5公顷。[③]简而言之，种植面积反映的是每一时期在给定耕地面积上的轮作率（the rate of crop rotation），以实际种植的公顷面积来量度。在耕地面积没有相应增长的情况下，种植面积的增长意味着耕作强度是通过提高轮作率来增加的。

---

① JCRR，《年度报告》（1965年），第8章。

② 种植面积有时也被称作播种面积（cropping area）、种植公顷面积（crop hectares）、栽植面积（the area of plantation）等。参见彼得森（Arthur W. Peterson, "An Economic Study of Land Use in Taichung Hsien and City, 1960," mimeographed, Taichung: Research Institute of Agricultural Economics, Chung Hsing University, 1961）；以及Nien-Tsing Lu（*An Analysis of Farm Family Economy of Owner-Operators under the Land-to-the-Tiller Program in Taiwan*, Taipei: Research Department of the Land Bank of Taiwan, 1965）。

③ 半茬蔬菜可能意味着只种植了半公顷的土地，或者种植1公顷的土地但耕种时间只有一年中的一半时间。种植面积的变化很大，取决于土地的等级以及非土地投入的强度。

表 3 种植面积的指数和占比（1948—1952）

	(1)		(2)		(3)		(4)		(5)		(6)
	稻米种植面积		常规作物种植面积		特色作物种植面积		蔬菜种植面积		园艺作物种植面积		耕地面积指数
年份	指数	占比（%）	指数	占比（%）	指数	占比（%）	指数	占比（%）	指数	占比（%）	
1948	100.0	53.3	100.0	21.4	100.0	18.3	100.0	4.4	100.0	2.6	100.0
1949	104.2	52.0	104.9	21.0	116.9	20.0	114.3	4.7	93.8	2.3	100.2
1950	107.3	51.9	107.2	20.8	121.5	20.2	124.5	5.0	90.7	2.1	100.8
1951	109.9	53.2	107.0	20.7	112.2	18.6	131.7	5.3	92.1	2.1	101.2
1952	109.5	52.2	109.5	20.9	119.8	19.6	129.5	5.1	93.8	2.2	101.5

*稻米包括两种水稻和两种旱稻，常规作物包括甘薯、大麦、小麦、小米、高粱、玉米、荞麦、黄豆、其他豆类以及可食用的鲜甘蔗，特色作物包括甘蔗、茶叶、烟草、咖啡、花生、芝麻、油菜籽、山芋、木薯、芝麻、亚麻、黄麻、洋麻、棉花、三角灯芯草、香草、香茅草、西沙尔麻以及鱼藤，蔬菜包括表 6 和表 7 中的所有品种，园艺作物包括表 8 中的所有品种。

资料来源：台湾省农林局《台湾农业年鉴》（1949，1950，1951，1952，1953），第 1 节、第 3 节；1、2、3 和 4

如表3所示，以1948年为基年，租管之后稻子以及常规作物（common crops）的种植面积差不多以同样的比率增长。特色作物（special crops）的种植面积增长速度较快，在1950年达到21.5%的峰值。蔬菜的种植面积增长最快，在1951年达到31.7%的峰值；不过，园艺业的种植面积（收割面积）是下降的。[①]这些种植面积的不同变化反映了种植频率的选择发生了变化。正如我们后面将要看到的，它们与理论所推断的租管后作物选种模式是相一致的。

种植的密度和频率

在给定的土地面积上增加耕种投入一般存在两种方式。一种方式是保持种植面积不变，但通过选用更好的种子、肥料和杀虫剂，改善水利灌溉，整修土地，或者更密地种植作物，来增加每轮种植的产出。我们可以将这种办法称作提高种植密度（the density of planting）。另一个办法是，在给定的土地面积上，通过加快作物的轮作率来增加种植面积，进而提高农作物的产出增长。要做到这一点，就要在原本是休耕的时节种植额外的作物，以及通过间种、套种或提早收割的办法来“缩短”每种作物所需的种植时间。在租管中，给定佃农投入的增加量，一部分增加的投入将会用于提高种植的密度，另一部分则会用来加快种植的频率（the rate of planting）。

① 由于园艺作物是“多年生长的”，它们不会像“一年生”农作物那样被轮作。稍后，我们将讨论园艺业的种植面积下降的重要性。

在种植面积相同的土地上，种植密度的提高意味着种植的成本更高。只要佃农投入的边际产出大于零，每单位种植面积的产量就是上升的。同样显而易见的是，加快种植频率，种植面积也会相应增加，这意味着同一作物在每单位种植面积上的种植成本较高。对此，至少有两个原因。第一是较快的轮作存在技术上的困难；比如，采用套种或间种（挤入）额外的农作物，比起一直种植同样的农作物（无须交替），要花费更大的成本。第二（可能第一个原因也是）赶工会带来较高的成本。[①]种植密度提高，每单位种植面积的产量会上升，与此不同，加快种植的频率可能会导致每单位种植面积的产量较低。

边际内作物和边际作物

关于佃农投入的边际产出下降，该含义的关键验证是看边际作物的相应变化。设想一下，租管前在一块租佃农地上原本每年耕种一茬稻子，假设租管之后继续耕种稻子，但是种植密度较高，每单位种植面积的稻子产量会上升。因为稻子在租管前和租管后均有种植，我们这里将它称作边际内作物（intramarginal crop）。在租管中，稻子的种植密度将会提高，而相应的每公顷产量增加意味着土地的平均产量和边际产量是上升的。这种单位种植面积的产出增加也是符合佃农投入的边际报酬递减规律。然而，由于没有成本的增量数据，要证实我们的结论——佃农投入的边际成本必定大于相应

① 注意，我们这里所说的是种植同样作物的每公顷成本，而非每单位产出的成本。将一种成本转换为另一种成本，需要一个生产函数。

的边际产出——是不可能的。

假设在另一块自耕农的农地上，稻子也一直是边际内作物。租管后，非土地资源由自耕农地转移至租佃农地，从而导致自耕农地种植密度降低。这样，自耕农地中每单位种植面积的稻子产量将会下降。在现有的总量数据中，平均的单位种植面积（公顷）稻子产量既有上升，也有下降。总的平均产量只有在以下情况才会上升：（1）进入农业领域的资源使得租佃农地中稻子产量的增加超过自耕农地上产量的减少；（2）稻子是租佃农地中占主导地位的边际内作物。

假设在同样的租佃农地上，租管之后轮作另外一种作物（如大豆），从而导致种植面积增加。在租佃农地上增加耕种大豆的每公顷产量，很可能低于大豆在另一块农地上一直属于边际内产品的每公顷产量。原因是，在自由市场上，如果在租佃农地上种植大豆符合自由市场财富最大化，那么它们早就应被种植。也就是说，与大豆在另一块农地上属于边际内产品的情况相比，即便租佃农地上增加种植大豆在每单位种植面积上得到等量的投入，大豆的每公顷产量也会较低。当然，如果增加种植大豆有着足够高的种植密度，其每公顷产量仍然会高于其他地方。在现有的总量数据中，我们发现大豆的种植面积有所上升，但平均的单位种植面积产量既有上升，也有下降。

不过，假设佃农继续在给定的土地面积上每年通过轮作挤入额外的作物。无论种植密度如何，每单位种植面积的产量最终将会显著低于其他地方。这是因为，更好的土地将会被用光，土壤肥力耗竭，季节不合适，以及种植过于拥挤。在租佃农地中，每年轮作挤入的最后单位作物就是边际作物（marginal crop）。当然，这并不是说，所有租佃土地在租管之后都会走入这样一个极端。这里的基本思路是，与在另一块农地上一直属于边际内产品的作物相比，边际上增加种植同样作物所带来的每单位种植面积产量将会较低。只要租佃农地中边际作物的每公顷产量拉低了每单位种植面积的总平均产量，佃农投入的边际回报相对较低就得到了证实。

如果我们能够按以上所描述的方式识别出边际作物，且如果大量佃农同时将相同作物加进来进行轮作，该作物每公顷的总平均产量最终将会下降，无论这种作物在一些农地中原本是否是边际内作物。因此，我们这里有个作物的识别问题。实际上，任何一种作物都有可能在边际上被加进来轮作，在一块租佃农地上是最后加进来的农作物，未必在另一块租佃农地上就是最后加进来的。因而，我将试图确认一组作物，其自然属性使其很可能就是在边际上被加进来的。也就是说，种植这些农作物的自然属性使得它们在租管下被加进来是符合选择理论的。再换言之，这样一组作物在自由市场上通常是不会被轮作的，然而在租管中，佃农之间的竞争将它们“挤”了进来。我们将这组作物看作边际作物，尽管它们可能在一些租佃农地中其实没有在边际上被轮作。

由上可见，在非土地投入的耕作强度增加的情况下，边际内作物的每单位种植面积（公顷）的产量会上升，而种植面积会有小幅增加。另一方面，边际作物的每公顷产量会下降，而种植面积的增长幅度较大。

B．边际内作物的产出变化：稻子

判断一种作物是边际内作物为主还是边际作物为主并不是很困难。但是，对于处于这两个极端之间的大量作物，我们很难根据现有的信息逐一鉴别它们更接近边际内作物还是更接近边际作物。一般来说，稻子和常规作物（common crops）是边际内作物。“常规”作物是指那些在自由市场上通常会被耕种的作物。[①]如果我们非得从中挑出一种边际内作物来讨论的话，稻子显然是一个选择。这有三个理由。首先，租管之前大多数租佃农地耕种的都是稻子。[②]在水稻田和旱稻田中，租佃制出现的频率明显较高。其次，台湾种植的稻子可以是单季稻或双季稻，但技术上不可能在一年之内轮作三季稻。这意味着，稻子通过提高种植的频率进行调整的弹性就相当有限。[③]再次，稻子（特别是旱稻）的产量对种植密度的提高是非常敏感的。如果施用更好的化肥以及改善水利灌溉，每单位种植面积的产量可能会翻番。[④]

---

① 所有的稻子一直被分类为常规作物，同时因为稻子是中国农业中最重要的农作物，统计上常常将稻子与其他常规作物分开统计。参见表3所附的脚注。

② 在Lu（*Analysis of Farm Family Economy*, pp. 124—134）所列举的48种常见轮作方法中，稻子常与各种常规作物一起出现在大多数轮作方式中，而特色作物和蔬菜则出现较少。

③ 不过要注意，不仅一年只耕种一茬水稻的耕地有提高耕作频率的余地，在一茬水稻耕种两到三年的耕地中也有这种余地。

④ 沈（Tsung-han Shen，*Agriculture Development on Taiwan since World War II*, New York: Comstock Publishing Associates, 1964）第174—195页；格里斯特（D. H. Grist, *Rice*, London: Longmans, Green and Co., 1953）。

稻子种植面积的增加

如表 3 所示，以 1948 年为基年，稻子的种植面积在 1951 年增加了 9.9%。水稻增加了 9.5%，相比之下，旱稻增加了 16.5%。[①]造成这个差异的原因是，在租管之前，水稻种植双季的情况一直较为普遍，而且增加种植其他农作物的空间也较为有限。[②]在台湾，通常稻子的最佳种植期大约是从 7 月到 11 月。[③]种植单季稻的农户更多是选择晚稻（7 月至 11 月）而不是早稻（3 月至 6 月），因而，如果单季种植现在改为双季种植，每年首先或较早种植作物的耕地就会有更为频繁的轮作。然而，对于水稻而言，我们发现早稻和晚稻的种植面积差不多有着相同的增长（9.5% 和 9.4%）。原因是，官方统计早稻和晚稻不是根据种植的时间，而是根据收割的时间（8 月 15 日前后）。[④]对于水稻来说，这种划分就没有把一些较早种植的水稻统计为早稻，而是将它们算作晚稻。不过，这种划分并不影响旱稻的统计，因为旱稻中的早稻是较早收割的。因而，我们发现旱稻早稻的种植面积增长了 44%，相比之下，旱稻晚稻的种植面积仅增加了 3.9%。[⑤]

---

① 台湾省农林局，《台湾农业年鉴》（1952年），第3.1节。将这两个百分比与9.9%的总量增长率进行对比，可以明显地看出，水稻是最重要的稻米作物。

② JCRR，《台湾农业统计，1901—1955》（台北，1961），第12页。并非所有水稻都一直是双季稻，或者很可能水稻的种植面积并没有增长。

③ 沈（*Agricultural Development on Taiwan*），第174—195页。

④ 同上。

⑤ 台湾省农林局，《台湾农业年鉴》（1952年），第3.1节。

每单位种植面积稻子产量的增加

因提高轮作率而导致的种植面积增加是由市场决定的变量，但是每公顷的产量变化不仅取决于种植的密度，而且也取决于诸如天气和虫害等外生变量。尽管可能会有些武断，我们要判断某个特定的年份是好年景、坏年景还是正常年景。但我要指出，在本书所研究的时期（1948—1951）内，台湾并没有发生任何重大的农业自然灾害。在每年因干旱、水灾和台风所造成的农业损失报告中，我们没有发现年度之间有着明显的差异。[①]我们所研究的年份可以被看作"正常的"——也可以说是同样的"不正常"——自然条件并非是影响农作物产量的重要因素。

与 1948 年（基年）相比，1949 年每单位种植面积的稻子产量高出 9.3%，1950 年高出 23.7%，而 1951 年高出 26.4%。[②]1949 年的增长幅度相对较小可能是因为，分成率管制开始于那一年的 4 月至 6 月。对于 1949 年，我们原以为晚稻的每单位种植面积的产量增长要高于早稻，因为播种早稻的时候分成率管制还没开始推行。然而，这点在旱稻上是非常明显的，我们发现旱稻早稻仅有 10% 的增长，相比之下，旱稻晚稻则增长了 41%。[③]在单位种植面积的产量增长上，旱稻比水稻更为明显。旱田土壤的质量等级相对

① 台湾省农林局，《台湾农业年鉴》（1949，1950，1951，1952年），第4节。特别是，受灾耕地面积在1948—1951年大致上每年都差不多。

② 台湾省农林局，《台湾农业年鉴》（1952年），第3.1节。

③ 同上，第3.1节D。提醒一下，水稻的统计在时间上是将单季稻和双季稻混在一起的。

较低，有较大空间通过增加种植密度来提高产量。比如，1951 年的稻子产量比 1948 年增加了 26.4%，其中水稻产量增加了 23.2%，相比之下旱稻的产量则增加了 76.5%。[①]

结论

将稻子作为边际内作物，这并不意味着它不可以提高种植的频率（种植面积）。如果增加轮作稻子，种植面积增加幅度最大的应是原先只种旱稻的农地。稻子的每单位种植面积产量之所以普遍增加，是因为:（a）稻子是租佃农地的主要种植农作物;（b）稻子产量对种植密度的增加较为敏感。

我们用以下公式量度稻子年产量的增加总额：种植面积指数与单位种植面积产量的乘积。以 1948 年为基年，我们发现 1949 年的增长为 13.7%，1950 年为 33%，1951 年为 38.9%。[②]这些增长率仅仅是指稻子产量的增长。如果我们能够将租佃农地的稻子产量与自耕农地的稻子产量区分开来，那么租佃农地中稻子产量的增长可能要比以上所说的数据更高。[③]不管怎样，在租管中，地主的地租收入从稻子产量的增长中得到了部分补偿。

正如表 3 所示，稻子和常规作物的种植面积增长低于特色作物和蔬菜。我们发现，其他常规作物每单位种植面积的产量增长一般

① 台湾省农林局，《台湾农业年鉴》（1952年），第3.1节。

② 同上。

③ 根据现有的数据，不可能做出这样的区分。边际农作物需要更细致的处理，我会尝试对县进行排序。

低于稻子，一些常规农作物甚至没有增长。[①]但是，针对耕作强度增加假说的更为关键性验证并不在于稻子和其他常规作物，而是在于边际作物。

C. 边际作物的产出变化

在集中分析三类边际作物的变化之前，让我们做些准备，以便可以用更为可信的细节来观察这些边际作物的变化。由于缺乏租佃农地和自耕农地的分项产量数据，我们很难证实两种类型农地的产量是反向变动的。为了量度这种相对变动，我所采用的一种方法是根据耕地资源受租管影响的程度对台湾的县进行排序，根据我们的理论推断，排名靠前的县，其边际作物的变化幅度也会较大。

县的排序

由于划一的分成地租管制导致初始分成率较高的耕地减租幅度较大，一个县受租管的影响程度显然取决于两个因素：（a）受影响的耕地占比；（b）初始的市场分成率。事实上，（a）和（b）是正相关的，由此可以大大简化我们的排序问题。表 4 中的第 4 栏和第 6 栏显示，水田使用租佃制的频率较高。例外是花莲县，因为旱稻是该县的主要作物。第 4 栏和第 6 栏，水田和旱田的比例面积（表中未有显示）共同决定了第 2 栏的百分比。

① 台湾省农林局，《台湾农业年鉴》（1952年），第3.2节。

表 4 受减租影响的分成租佃和耕地的比例（按县分组）

（1）	（2）	（3）	（4）	（5）	（6）	（7）	（8）
县组	租佃制中的私人土地（%）	受影响的私人土地（%）	租佃制中的水田（%）	受影响的水田（%）	租佃制中的旱田（%）	受影响的旱田（%）	受影响的农户（%）
新竹（I）	55.4	48.3	66.0	66.0	38.4	17.5	62.6
台北（I）	58.9	47.4	69.1	67.1	39.9	10.3	60.9
台中（I）	44.0	42.4	54.8	53.6	22.0	12.8	57.9
高雄（II）	41.1	36.8	47.8	47.5	29.5	18.1	44.7
台南（II）	33.0	31.7	35.0	35.0	27.5	20.3	48.4
花莲（III）	46.4	27.2	41.8	37.0	52.9	13.1	19.7
台东（III）	30.4	21.6	31.4	26.8	28.9	14.5	17.1

（续表）

（1） 县组	（2） 租佃制中的私人土地（%）	（3） 受影响的私人土地（%）	（4） 租佃制中的水田（%）	（5） 受影响的水田（%）	（6） 租佃制中的旱田（%）	（7） 受影响的旱田（%）	（8） 受影响的农户（%）
澎湖（III）	5.4	2.7	—	—	5.4	2.7	9.6
五市	55.4	44.3	59.3	57.1	46.5	12.4	43.6
台湾总和	44.5	39.3	50.7	50.4	32.0	16.3	50.9

*1950年的县界变更造成1950年前后的统计资料不一致。这需要对县重新界定，以使每个县的土地面积在1950年前后保持不变。结果是这里所列出的一些县与实际的县不一致，但从统计上来说，在我们研究所涉及的年份里，这些县的实际土地面积是正确的。具体来说，1950年以前，新竹包括新竹县和新竹市，台中包括台中县和彰化市，高雄包括高雄县和屏东县，台南包括台南县和嘉义市，其他的县无须调整。1950年后，新竹包括苗栗县、桃园县和新竹县，台北包括台北县、宜兰县和阳明，台中包括台中县、彰化县和南投县，高雄包括高雄县和屏东县，台南包括台南县、云林县和嘉义县，其他县无须调整。如此划分后就剩下五个城市：台北市、台中市、台南市、高雄市和基隆市。

资料来源：截至1949年12月，台湾省农林局《台湾农业年鉴》（1951年，第20—21页）；JCRR,《年度报告》，第35页；陈诚《中国土地改革的分析方法》，第26页。数据的计算是根据资源所在的地点，而不是所有者所在的地点

通过对比第2栏和第3栏可以看出，由于租管针对所有租佃合约，并按年产出制定划一的37.5%最高分成率，所以并非所有租佃农地都受到影响。这两栏的差异主要取决于租佃水田和租佃旱田各自所占的比例。水田一般更为肥沃，且比旱田有着更高的市场分成率。①正如第4栏至第7栏所显示的，水田比旱田更易受划一的分成率管制的影响。第5栏和第7栏，受影响的水田和旱田的比例面积（未显示）共同决定了第3栏的百分比。

对于水田占比较大的县，租佃制出现的频率往往也较高，再加上水田有着较高的分成率，因而第3栏的数值就为我们根据受租管影响的程度对县进行排序提供了可靠的依据。不过，这种排序方式并非没有问题。根据大多数资料来源，新竹和台北的地租分成率最高；但有一份资料显示，台中的土地最为肥沃。②这种分歧源于没有一个资料来源提及地租分成率的加权平均值，而不同等级的土地在每个县均有不同的地租分成率，这使得各县难以有可比性。我们在这里的解决办法是，将新竹、台北和台中放在同一个组中。因而，我们可以肯定第I组就是地租分成率较高的一组县，且这个县

① 例如，陈诚，《台湾土地改革纪要》，第1、2章；JCRR，《年度报告》，第1、2章。需要注意的是，在水田或旱田中，土地的价格是根据土壤等级和位置而变动的。一般来说，分成率较高的县组有着较高的土地价格。然而，正如我们在第二章所发现的，市场分成率不仅取决于土地的肥沃度和耕种成本，而且还取决于签约各方所承诺的要素投入量。尽管土地价格是土地肥沃度更为合适的度量指标，但就我们现在的目的来看，最初的分成率也是一个合适的度量指标。

② 彼得森（Peterson, “Economic Study of Land Use”）。

组中的私有土地资源在比例上受租管的影响最大。[①]按照类似的方法，我们将高雄县和台南县划为第II组，花莲、台东和澎湖放在第III组。我们排除了台湾五个面积较小的市，要不然计算的工作量会很大。[②]根据市场分成率以及私人土地受影响的比例来排序，也是与受影响农户家庭的比例相一致的。后者的数据显示在第8栏中。但是，我们没有关于受影响的农民人数的数据，而这个数据可能是量度劳动力资源更为合适的指标。[③]

三类边际作物

回想一下，佃农投入在管制地租分成率的过程中趋于增加，同时轮作农作物的选择更多的是依据农作物的总产值，而非净产值。在租管中，均衡不再意味着地租年金的最大化。相反，它会倾向于在每一时期实现每单位种植面积的产值最大化。[④]根据这个逻辑，我们来考察租管中在边际上增加的三类作物，以下依次对它们进行讨论。

① 据称，这三个县的市场分成率通常是年产出的50%—70%，尽管在某些租佃农地中发现90%的分成率。陈诚，《台湾土地改革纪要》，第1、2章；JCRR，《年度报告》，第1、2章。

② 参见本书表4所附的关于划定县组的脚注。

③ 1948年，各县单位佃户中的平均劳力如下：新竹，7.28人；台北，6.97人；台中，6.21人；高雄，6.03人；台南，6.05人；花莲，6.32人；台东，5.21人；澎湖，3.28人。参见《台湾农业年鉴》（1949年），第2节。

④ 单位种植面积产值最大化的理论含义是，佃农投入的边际产出将会下降至零。在这里，我们只关心逼近这个条件的趋势。

内部边际土地的作物

在土地经济学中，“边际土地”（land margin）这一术语通常是指没有开垦过的“可耕”地。这里所谓的内部边际土地（internal land margin）是指私有土地内的零碎土地，其质量很低，以至于在自由市场上很少会被利用。在台湾，内部边际土地包括坡地以及水土流失严重的土地，不过这些土地还是可以种植一些有价值的东西。在租管期间，香茅草是人们为这些边际土地选种的主要作物，它是一种用来制造香水的野草，现在被广泛地引入，有组织地进行种植。

如表 5 所示，香茅草的种植面积由 1948 年的 2360 公顷增加到 1951 年的 16870 公顷。[①]在县组的排序上，第I县组在种植面积增长上的变化明显地要比第II县组和第III县组更为显著。从 1948 年到 1949 年，每公顷产量稍有增长，但在 1950 年和 1951 年普遍快速下降。1949 年之后，每公顷产量的大幅下滑伴随着种植面积的持续增长，可以解读为香茅草的种植逐渐使用较为不适宜的边际土地的一个结果，同时非常低的边际种植产量也拉低了每公顷的平均产量。

1950 年每公顷产量的下滑大概不能仅仅用质量较优的边际土地耗竭来解释。以新竹为例，1949 年的总产量（5.06 × 10.4）只比 1950 年的总产量（8.3 × 6.61）低一点。而在 1950 年，64%的种植

① 据报道，一些佃农在当局所拥有的外部边际土地（external land margin）上违规种植香茅草。自1951年之后，香茅草的种植面积开始不断下降，特别是1953年实行“耕者有其田”计划之后，下降幅度如此之大，以至于JCRR在1960年开始考虑对种植香茅草进行补贴。参见，台湾省农林局，《台湾农业年鉴》（1958年），第3.1.18节；以及沈（*Agriculture Development on Taiwan*），第108页。

表 5　边际作物：香茅草（1948–1951）

县组	1948		1949		1950		1951	
	种植面积（千公顷）	每公顷产量（千公斤）	种植面积（千公顷）	每公顷产量（千公斤）	种植面积（千公顷）	每公顷产量（千公斤）	种植面积（千公顷）	每公顷产量（千公斤）
新竹（I）	2.35	9.97	5.06	10.40	8.30	6.61	11.40	4.77
台北（I）	—	—	—	—	0.09	3.78	0.11	6.42
台中（I）	0.02	16.00	0.06	10.24	0.59	6.44	4.51	7.11
高雄（II）	—	—	—	—	—	—	0.15	2.66
台南（II）	—	—	—	—	0.04	9.36	0.23	7.18
花莲（III）	—	—	—	—	0.02	3.46	0.24	6.62
台东（III）	—	—	—	—	0.02	10.05	0.16	5.02
澎湖（III）	—	—	—	—	—	—	—	—
台湾总和	2.36	10.01	5.13	10.40	9.07	6.59	16.87	5.47

*包括了另外 5 个城市。对于 1950 年和 1951 年，一组修订数据做了如下更正：1950 年的种植面积为 14.65 千公顷，1951 年为 27.64 千公顷；1950 年的每公顷产量为 5.41 千公斤，1951 年的每公顷产量为 5.34 千公斤。实际上，这些更正数据对于我们所要验证的假说提供了更有利的支持。不过，这里之所以使用没有更正过的数据，是因为：（1）更正的总数据没有对县进行划分；（2）更正的数据同时使用了“韭叶芸香草”和“枫茅”这两种香茅草，可能也包括了另一种香草。

资料来源：台湾省农林局《台湾农业年鉴》（1949，1950，1951，1952 年），3.1.18

面积增长仅仅带来4.3%的总产量增长，新增种植面积所带来的产量如此之低，以至于人们怀疑“边际土地耗竭”这个解释是否足够充分。一般来说，以较快的频率耕种可能会导致香茅草在生产管理上的低效率。当然，还存在着因天气等因素带来随机波动的可能性。但在1951年，平均的每公顷产量进一步下滑，同时伴随着种植面积（公顷）的进一步增加，这再一次证实：种植边际产量如此之低显然是因为质量较好的边际内土地被用光了。

当我们将1948年与之后三年的任一年（表5）进行对比就会清楚地发现，种植面积增加（提高种植频率）使得给定（实体）土地上的总产量增加。[①]总产量增加的程度有多大，土地平均产量上升（即平均产量曲线向上移动）的程度也就有多大。这意味着，由于佃农投入的增加，耕地的边际产出曲线也向上移动。对于排序靠前的县组（根据受租管影响的程度由大到小进行排序），它们的总产量（种植面积乘以每公顷产量）的增长更为显著，由此可以判断，相对于那些不受租管影响的农地而言，租佃农地中的土地边际产出是上升的。以每公顷的平均产量急剧下滑（正如1949年之后所发生的那样）的程度来看，佃农投入在新增耕地上的边际产量一定下降到了一个非常低的水平。如果增加种植面积所需的佃农投入成本保持不变或者递增，新增种植面积所带来的产量如此之低，证实了佃农的边际成本高于相应的边际产量。

① 也即是说，在租管时期，香茅草的种植面积增长（以较快的速度）在比例上大于每单位种植面积（公顷）产量的下降，从而导致在给定土地上具有较高的总产出。

将这个结论与根据县组排序所推测的县组相对变化联系在一起，这些证据证实了：租佃农地中非土地耕作资源的边际产出比自耕农地中相应的边际产出要低。所有这些均符合由佃农理论推出的耕种强度增加假说。

间种边际作物

其他一些可确认的边际作物也有类似的变化。我先来讨论在边际上进行间种的农作物。在农作物种植的行与行之间，是可以种植其他农作物的。如果在行间同时种植另外一种农作物，这叫间种（interplanting）。如果复种另外一种农作物，但该农作物在最初农作物收割之后继续生长，这就叫套种（relaying）。套种是一种部分的间种。

一些农作物比其他农作物更适合于间种，这取决于它们的自然属性。当然，任何适合于间种的农作物都可以单独耕种，而且每单位种植面积的耕种成本较低。这是因为，在农作物的行与行之间进行种植和收割需要付出更多努力。另一方面，尽管任何农作物都可以间种，但我们仅对那些在台湾间种的农作物感兴趣。并非所有"可间种"农作物一定是为了加快轮种而种植的边际作物。就此而言，我剔除了田薯、花生、大麦和印度玉米。尽管这些作物在一些农地中可以间种，但它们在很大程度上是单独种植的，而且种植也很普遍。①接下来，我们还剔除掉了甘蔗和烟叶。这两种农作物在

① 参见Lu（*Analysis of Farm Family Economy*），第124页；Shen（*Agricultural Development on Taiwan*），第8章，特别是第155—164页；台湾省农林局，《台湾农业年鉴》（1948，1949，1950，1951，1952年），第3.2节；以及Young-chi Tsui（*A Study of Peanuts in Taiwan*, Taipei: JCRR, 1954）。

很大程度上也是可以间种的；但台湾糖业公司这家公有企业种植了绝大多数的甘蔗，而烟叶的种植是受当局管制的。[①]剩下的五种间种作物是越瓜、黄瓜、西瓜、土豆和茄子。由于租管允许佃农可以承担较高的成本，因此在给定的土地上进行间种能够获得较高的总产量，这些农作物便成为租佃农地中边际作物的“理想”选择。

上述五种农作物也可以用来说明间种对空间的利用。首先，通过混种黄瓜和茄子可以充分利用地面的空间：

> 黄瓜通常与茄子间种在田垄上。在每两条田垄之间有一条排水沟。田垄的每一边插上一排竹竿，然后把这些竹竿用绳子连成一排。黄瓜藤可以爬在竹竿上，这就利用了田垄之间的空间。[②]

其次，在西瓜和越瓜的间种中，也可以看到对地面空间的利用。收割第一茬农作物之前，地上爬满这些瓜的瓜藤，瓜就有了合适的生长空间。

再次，地下未被占据的土壤空间也可以得到充分的利用。土豆有一个优点，它可以种在6英寸深的土壤里。

---

① 沈（*Agricultural Development on Taiwan*）。

② 沈（*Agricultural Resources of China*, New York: Cornell University Press, 1951），第220页。这一段内容是指中国的广东。

表 6　边际间种作物（1948—1951）

（1）作物名称和属性	（2）县组	（3）种植面积，1948 年（千公顷）	（4）种植面积，1949—1951 年（千公顷）	（5）种植面积变动%（+）或（–）	（6）产量/公顷，1948 年（千公斤）	（7）产量/公顷，1949—1951 年（千公斤）	（8）每公顷产量变化%（+）或（–）
地瓜：	I	1.27	1.80	+41.7	9.38	8.45	– 10.0
套种	II	1.10	1.08	– 1.8	9.94	8.44	– 15.1
	II	0.09	0.09	00	5.15	6.55	+27.2
	合计**	2.64	3.29	+24.4	9.75	8.84	– 9.2
黄瓜：	I	0.51	0.56	+9.8	7.85	7.32	– 6.8
间种	II	0.21	0.38	+80.1	11.20	8.34	– 25.5
	III	0.05	0.05	00	4.99	6.38	+27.9
	合计**	0.88	1.11	+25.5	8.62	7.83	– 9.2
茄子：	I	0.73	0.84	+15.1	6.42	6.20	– 3.4
间种	II	0.50	0.53	+6.0	7.70	6.88	– 10.6
	III	0.07	0.08	+14.3	5.28	5.70	+8.0

（续表）

（1）	（2）	（3）	（4）	（5）	（6）	（7）	（8）
作物名称和属性	县组	种植面积，1948年（千公顷）	种植面积，1949—1951年（千公顷）	种植面积变动%（+）或（－）	产量/公顷，1948年（千公斤）	产量/公顷，1949—1951年（千公斤）	每公顷产量变化%（+）或（－）
	合计**	1.42	1.59	+12.2	7.03	6.54	－ 7.0
西瓜：	I	0.71	1.15	+62.0	8.93	7.22	－ 19.1
套种	II	0.91	1.02	+12.1	7.89	7.86	－ 0.04
	III	0.02	0.03	+45.8	3.27	5.37	+64.2
	合计**	1.65	2.25	+36.6	8.29	7.61	－ 8.3
土豆：	I	0.01	0.18	+ － *	4.79	3.72	－ 22.3
间种	II	—	0.02	+ － -*	—	3.52	—*
	III	—	—	—	—	—	—
	合计**	0.01	0.22	+ － *	4.71	3.63	－ 22.9

*由于百分比变动过于失真而省略了。

**合计数据包括了在县组中剔除掉的另外5个城市。注意百分比变动是从更为详尽的数据计算而来的，由于四舍五入的原因，可能与所引用的数值有略微的差异。

资料来源：台湾省农林局《台湾农业年鉴》（1949，1950，1951，1952年），第3.4节B

这5种农作物列在表6中。在这个表中，县组列在第2栏，它们种植面积的百分比变动在第8栏中。我们可以看到：（a）第I和II县组的种植面积增长总体上比第III县组更为显著；（b）每公顷作物产量在第I和II县组中是下降的，（c）每公顷作物产量在第III县组中则是上升的。

对以上（a）和（b）的解释与我们对香茅草的解释是类似的。重复一遍，边际作物的种植面积增长比边际内作物的种植面积增长更为显著。较为适于间种的边际土地逐渐被耗尽，高轮种率或许会引起普遍的低效管理，从而导致每公顷产量的下降。①关于耕种资源的边际产出的含义与之前也是类似的。由于第III县组主要是一些不受租管影响的农地，非土地耕种资源由这些县组转移到了第I、II县组中。因而，原来一直被间种的农作物现在就可能会单独种植，从而导致我们在（c）中所看到的每单位种植面积产量的增加。这也证实了我们的推测，自耕农地和租佃农地的产出变动在租管期间是反方向的。

季节性边际作物

第三种类型的农作物——蔬菜——或许能最有力地证实我的假

---

① 与香茅草不同，表6和表7所列的边际作物的每公顷产量一般在1949年就开始下降，并在1950年或1951年达到了最低的每公顷产量。参见台湾省农林局，《台湾农业年鉴》（1952年），第3.4节B。既是为了表达上的清晰，也是为了剔除农业中偶尔出现的“异常”产出变动，我们使用三年（1949—1951）的平均数。由于分成率管制实行于1949年的4—6月，如果采用1950—1951年的平均数，我的假说可以得到更严格的证实。

说。统计资料中存在较多的蔬菜种类，为我们探究租管后一些特定的选种模式提供了可能。由于台湾属于热带气候，大多数蔬菜都是在冬天种植，这倒不是因为其他季节不可以种植蔬菜，而是因为农民在其他季节会种植更有利可图的农作物。[①]在自由市场上，农民一般只在短冬季节（11 月至 3 月）利用小块土地种植蔬菜。农民仅利用小块优质土地（通常是水田）种植蔬菜，是因为种植蔬菜所需的成本特别高。[②]大部分土地或者休耕，或者用来种植耕种成本非常低的绿肥作物，[③]或者挑选适宜的土地种植小麦和印度玉米。

蔬菜的种植成本较高与其市场价值较高是互相关联的，[④]再加上能够在空闲的边际时间（time margin）里进行种植，它们成为租管后农民偏爱的边际作物。正如表 3 所示，在所有农作物的种类中，蔬菜的种植面积是增加得最快的，在 1951 年达到 31.7%的峰值。[⑤]

---

① 沈（*Agriculture Resources of China*），第24章。

② 平均而言，种植一公顷蔬菜的成本大约是常规作物的7倍，特色作物的5倍。参见Lu（*Analysis of Farm Family Economy*），第142页，表121。

③ 同上。根据Lu，耕种绿肥作物所需的劳力是种植蔬菜所需劳力的十五分之一。

④ 这是竞争性市场所隐含的一个条件。关于蔬菜和其他农作物的市场价值，参见台湾省农林局，《台湾农业年鉴》（1952年），第3节B。

⑤ 需要注意的是，1949年之前，边际作物并不存在种植面积的增长趋势。参见台湾省农林局，《台湾农业年鉴》（1950年），第3.4节B。但这里的关键性证据是，租管之后，相对于边际内作物，边际作物的种植面积增长更快。由于租管始于1949年年中，这里所用的边际作物的种植面积是三年（1949—1951）的均值，两年（1950—1951）的均值更富戏剧性。参见表3的年度数据变化。

表 7　季节性边际作物：蔬菜（1948–1951）

（1）根据种植面积变动百分比对蔬菜的排序	（2）种植面积，1948年（千公顷）	（3）年均种植面积（千公顷）	（4）种植面积变动百分比（+）或（–）	（5）每公顷产量，1948年（千公斤）	（6）每公顷产量，1949–1951年（千公斤）	（7）每公顷产量变化百分比（+）或（–）	（8）主要县（排序）对种植面积变动百分比的贡献
（1）其他茎类蔬菜	1.66	3.78	+128.4	–	–	–	台南、台中、台北
（2）白菜	2.02	3.58	+77.6	8.33	6.87	– 17.6	台中、台北
（3）叶芥菜	3.98	6.09	+53.1	11.37	11.21	– 1.5	台中、台北
（4）萝卜	11.44	15.53	+35.7	9.73	8.62	– 11.4	台中、台北
（5）卷心菜	5.44	7.36	+35.2	12.05	11.56	– 4.1	新竹、台中
（6）西红柿	0.52	0.68	+30.8	8.88	8.14	– 8.3	高雄、台南
（7）大蒜	2.09	2.54	+21.4	5.56	7.04	+26.6	台中、台北
（8）菜豆	1.79	2.07	+15.8	5.18	5.16	– 0.4	高雄、台北
（9）其他绿叶菜和花菜	2.39	2.76	+15.1	—	—	—	台北、台中
（10）葫芦	0.73	0.79	+8.4	9.93	10.85	+9.2	台中、台北
（11）南瓜	0.87	0.94	+8.3	8.88	8.56	– 3.6	无

（续表）

（1）根据种植面积变动百分比对蔬菜的排序	（2）种植面积，1948年（千公顷）	（3）年均种植面积（千公顷）	（4）种植面积变动百分比（+）或（-）	（5）每公顷产量，1948年（千公斤）	（6）每公顷产量，1949–1951年（千公斤）	（7）每公顷产量变化百分比（+）或（-）	（8）主要县（排序）对种植面积变动百分比的贡献
（12）芹菜	1.24	1.34	+7.9	9.75	9.28	- 4.8	台中、台北
（13）其他果类蔬菜	1.63	1.72	+5.7	—	—	—	台北、高雄
（14）其他根类蔬菜	0.54	0.56	+4.1	—	—	—	台南、高雄
（15）洋葱	1.53	1.57	+2.6	8.13	7.32	- 10.0	台中
（16）水翁菜	1.86	1.83	- 1.7	9.44	8.78	- 7.0	无
（17）豌豆	4.46	4.35	- 2.5	2.84	2.43	- 14.2	无
（18）大葱	2.87	2.80	- 2.7	7.63	7.48	- 2.1	无
（19）生姜	1.25	1.04	- 17.4	5.79	5.54	- 4.3	新竹、高雄
（20）芋头	4.74	3.91	- 17.7	4.59	4.37	- 4.8	无
合计*	59.66	73.70	+23.5	—	—	—	台中、台北

*合计包括表6中的5种作物。

资料来源：台湾省农林局，《台湾农业年鉴》（1949，1950，1951，1952年），第3.4节B

在表7中，所有有记录的蔬菜品种被列在第1栏。它们是根据种植面积的百分比变动（第4栏）以降序的方式排列的。对每种蔬菜的种植面积百分比变动贡献最大的县组列在第8栏。它们都是属于第I组和第II组中的县，整体而言，台中和台北（第I组县）是主要的贡献者。除去1、9、13和14蔬菜品种——因为无法计算它们的每公顷产量——其他蔬菜的每公顷产量百分比变动列在第7栏。正如所显示的，除了两种农作物（大蒜和葫芦）之外，所有作物的每单位种植面积的产量均是下降的。①我们的解释与之前一样：逐渐使用不适宜的土地，为耕种常规作物必须留出的边际时间越来越有限，以及可能因为季节不合适，都是佃农的投入回报在种植面积增加的同时趋于下降的原因。②在同样的（实体）土地面积上，加快种植频率带来较高的总产量意味着，租佃制中的土地边际产出高于其他地方。

根据种植面积的百分比增长对蔬菜农作物进行排序，我们可以推出耕作强度增加假说所隐含的两种选种模式。首先，我们发现耕种期较短的农作物被选种的频率更高（种植面积增长较快）。对比1、9、13和14品种，这种选种模式表现得尤为明显。一般来说，

① 我对租管前后表6和表7中所有边际作物的每公顷产量数据做了“T”检验。计算出的数据是21个成对观察数据的平均标准差。零假说——在租管前后不存在系统性和显著性差异——在α=0.01显著水平时被否定。在租管时期，边际作物的每公顷产量非常之低，这正是耕作强度增加假说的含义。

② 注意，对于品种16和20（表7），种植面积的下降与每公顷产量下降有关。这点并不难理解。用光了更好的土地、错过了最好的时节以及快速轮作所带来的较高耕种成本，共同对相同的季节性边际作物造成了“有害的”溢出。

茎类蔬菜（品种1）和叶类蔬菜（品种14）要比果类（品种13）和根类蔬菜（品种14）成熟得快。只有几个特例需要由另外一种模式来解释。成熟期作为一个选种标准，也可以通过对比同类型蔬菜得到清晰的体现。例如，在所列举的根类蔬菜中，排在最前面的萝卜（品种4）成熟得最快，而生姜（品种19）和芋头（品种20）成熟得最慢。在水果蔬菜中，排在最前面的西红柿（品种6）或许是成熟得最快的品种。而对于排在最下面的茎类蔬菜，空心菜（品种17）的成熟期最长。①

其次，我们发现那些选种频率较高的农作物，其耕种的成本也较高。以白菜和卷心菜为例，两种蔬菜的成熟期大致相同（约为95天）。但据估计，种植一英亩白菜（品种2）需要354个工作日，而种植一英亩卷心菜（品种5）则需要256个工作日。②

种植蔬菜的“时间”和“成本”选择标准可以总结为一个标准：地租收入实现最大化受租管后佃农成本上升的局限条件的约束。在一个竞争性市场中，假如种植一种农作物，较高的种植成本一般是与较高的产值相对应的。但在租管之后，给定不同农作物具有相同的成熟期，选种频率较高的农作物一定是那些具有较高种植

① 对于大多数蔬菜所需的成熟时间，相关的信息通常是以较为模糊的词语来描述的，比如“两到三个月”。这就是为什么我们这里只选用极端的例子，以求成熟期的划分更为清晰。

② 参见S. C. Hsieh and T. H. Lee（“The Effects of Population Pressure and Seasonal Labor Surplus on the Pattern and Intensity of Agriculture in Taiwan,” mimeographed, 1964），第5页。关于每种蔬菜所需的劳力，我没有找到完整的资料说明。

成本的农作物。另一方面，给定相同的种植成本，选种频率较高的边际农作物一定是那些成熟期较短的农作物，这样就可以更早地将土地腾出来轮作其他作物。这两种选种模式均在我的理论的含义之中，同时也是这种趋势——实现农作物的总产值最大化，而非总产值减去非土地成本的净值最大化——的结果。

D. 不受租管影响的作物：园艺作物

由于缺乏租佃农地和自耕农地的分项产量数据，我所使用的方法是，根据土地资源受地租管制影响的程度对各县组进行排序。根据这个办法得出的结论，可以通过考察不在分成率管制范围内的一组农作物得到进一步的证实。这组农作物就是园艺作物（horticultural crops）：

> 茶园果园之地目为畑，但与其他畑田之生产情形迥异，栽植后需经数年始获生产……故一般减租办法，对此不能适用……故解决此类问题，一般言之，多从其原约之规定……①

如表3所示，园艺作物的收割面积下降了。在表8，我们列举了资料记录中所有的园艺作物。在所列举的23种作物中，除了4

① 陈诚，《台湾土地改革纪要》，第37页。园艺业中很少有租佃制，这也或许是陈诚做出这个决定的主要原因。我不明白租管政策为什么不适用于园艺业。

种作物，其他所有作物的种植产出均是下降的。[①]对于这两个观察可以做如下解释：当其他农作物受地租分成率的管制，以及发生相应的资源再配置时，园艺业中的耕种投入趋于下降。之前在边际上会种植的一些园艺作物，现在则根本不会种植，从而导致种植面积下降。同样的逻辑，在攀爬作业以及每年维护作物方面投入较少的成本，导致现有种植物的产值下降。

对于上一节所讨论的边际作物，种植面积的增加与每公顷产量较小比例的下降相关，这意味着土地的边际产出上升以及佃农投入的边际产出下降。但在园艺业中，种植面积的减少表明土地的边际产出下降了（即土地边际产出曲线向下移动）。这与种植产量的下降联系在一起，意味着非土地资源投入的下降，从而证实了这些投入的边际产出是上升的。因而，这些观察与这样的含义是一致的：租管之后，园艺业的土地边际产出比其他农作物的要低，而园艺业的非土地耕种资源的边际产出比其他农作物的要高。

---

① 显然，每公顷种植的株数并非是固定的，但我们没有每公顷产出的相关数据。利用表8中的23个成对观察数据的平均标准差，我们对租管前后的种植产量观察数据进行“t”检验。零假说——在租管前后不存在系统性和显著差异——在 $\alpha = 0.01$ 的显著水平时被否定。租管之后，园艺业的种植产量非常低。

表 8　不受减租影响的作物：园艺作物（1947–1951）

水果名称	每株产量（公斤）		种植产量的变化（+）或（–）	水果名称	每株产量（公斤）		种植产量的变化（+）或（–）
	1947–1948	1949–1951			1947–1948	1949–1951	
柑橘类水果				**其他水果**			
碰橘	10.86	9.37	– 1.49	菠萝	0.44	0.58	+0.14
桶橘	10.15	9.27	– 0.88	桂圆	25.12	16.74	– 8.38
雪橘	11.48	9.17	– 2.31	芒果	33.39	23.64	– 9.75
柚子	16.63	16.36	– 0.27	槟榔果	4.94	3.42	– 1.52
桃柚	26.74	23.20	– 3.54	番石榴	8.53	4.98	– 3.55
白柚	17.93	14.69	– 3.24	李子	10.55	8.27	– 2.28
萨摩蜜橘	9.93	8.40	– 1.53	桃子	7.25	8.05	+0.80
瓦伦西亚橙	10.06	8.78	– 1.28	柿子	21.43	18.35	– 3.08
柠檬	5.47	3.19	– 2.28	番木瓜	10.53	10.27	– 0.26
葡萄柚	5.23	4.83	– 0.40	莲雾	32.96	27.08	– 5.88
				葡萄	8.20	9.33	+1.13
				枇杷	6.16	7.77	+1.61
				香蕉	7.58	6.46	– 1.12

资料来源：台湾省农林局，《台湾农业年鉴》（1952 年），第 3.4 节 A

E. 结论

在台湾土地改革的第一阶段，我们所得到的观察证据并没能证伪耕作强度增加假说的含义。这些含义——由附加分成率局限条件的佃农理论推出——与有效率的资源配置是不一致的。我的发现证实，与同样资源在其他地方使用的情况相比，租管之后，租佃农地中的土地边际产出较高，而佃农投入的边际产出较低。结合第七章和第八章的发现，我们可以概况如下：

1. 在资源再配置的过程中，非土地要素的投入强度变动可以通过多种方式表现出来。总体上，更多的资源将会被引入农业。尽管租管时期自耕农地有着小幅的增长，我们发现非土地要素的投入强度在租佃农地中是增加的，而在自耕农地中则是下降的。特别是，我们发现：（a）土地—劳力之比在租佃农地中是下降的，而在自耕农地中则是上升的，前者在程度上显著低于后者；（b）据报道，佃农的工作时间更长，且每年的工作天数更多；（c）施用的肥料质量更高；（d）佃农的收入增长据称大部分都投入土地。

2. 租佃农地中的土地边际产出高于其他地方，该含义由以下事实所证实：（a）以上第一段所描述的资源再配置；（b）租佃农地中边际内作物的种植面积以及每公顷产量的上升；（c）对于租佃农地中所增加的边际作物，其种植面积的增加幅度在比例上显著高于每公顷产量的下降幅度，因而导致租佃农地中每英亩（实体）耕地的总产量上升；（d）园艺业中的产出变化。

3. 租佃农地中非土地资源的边际产出低于其他地方，该含义由以下事实所证实：（a）以上第一段所描述的资源再配置；（b）对于租佃农地中增加进来的边际作物，每公顷的产量一般趋于下降；（c）园艺业的产出变化。

4. 就以上第 2 和第 3 段所述的内容，我们发现边际作物的选种模式也具有同样的含义。正如在蔬菜作物中所表现出来的，选种频率最高的边际作物需要满足条件：（a）较短的成熟期，或者（b）较高的种植成本。这种选种模式也在附加地租分成率管制的佃农理论的含义之内。

第九章　结论

本书讨论了财产法、经济理论与亚洲农业有关土地使用的经验观察之间的相互关联。尽管这种相互关联是复杂的，但它或许是我们从经济学上更好地理解土地使用权的唯一途径。

在产权经济学所涉及的众多领域中，我主要集中探讨农业中土地租约安排的理论和含义。分成合约一直备受关注，因为在各种土地使用权安排中，分成租佃制度长期以来屡遭非议。本书对两组产权局限条件进行了探讨。

通过初步考察1949年之前大陆和台湾有关土地所有权的财产法，我们得出，中国农业当时存在着一套完整的私人产权制度。因而，结合私人产权的局限条件以及标准的经济理论，我们推导出了一个关于分成租佃的资源配置理论。与过去的分析相反，我们的结论表明，不同的合约安排并不意味着资源使用的效率有所不同。根据来自不同时期和地域——既有的产权制度与私有产权的局限条件相一致——的一系列观察，我们对不同理论的含义进行了检验。这些事实不仅证实了我的佃农理论，而且也否定了传统的税收等价法。实际上，税收分析方法既经不起逻辑上的检验，也经不起事实的验证。

本书所使用的“经济效率”术语只有一个简单的含义。它是在逻辑上由选择理论推导出来的市场均衡条件，在自由竞争市场中受私人产权局限的约束。这是一个实证分析意义上的术语，没有福利分析方面的含义。从这个角度来看，我们想知道为什么认为分成合约是无效率的观点如此长期流传。可能产品税与分成合约乍一看非常相似，由此产生的幻觉使得边际等式分析方法显得颇为吸引人。或者，关于分成租佃制度的谴责频繁地见诸于土地使用权的各类文献中，给人们留下较为可信的资源错配的印象。

不过，认为分成租约无效率的观点，仅仅是用来一般性地反对土地租佃制度的众多理由之一。其他的理由包括，高昂的地租被认为是一种“剥削”，因而挫伤了佃农的积极性；短期租约被看作一种“没有安全感的”土地使用权安排，不可避免会造成土地投资的下降。不幸的是，这些断言往往被当作事实。于是，政府采取各种农业改革措施将分成租佃定为非法，或者干预合约的条款，或者干脆废除租佃制度。

尽管我认为税收等价法的理论结论是错误的，但我并不是说，不受削弱的私人产权在真实世界中就一定会实现有效率的资源使用。毫无疑问，决策错误本身可能就是一种资源浪费。但本书推导的佃农理论表明，如果交易费用为零，在给定的局限条件下实现最大化，分成租佃制度是满足帕累托最优条件的。即便交易费用在实际中并不为零，但这个理论还是成功地解释了所观察到的大多数土地耕作行为。

在资源私人所有权的条件下，由于存在众多的合约安排，我进一步提出问题：为什么人们会选择不同的合约安排？通过引入交易费用和风险，本书提出了一个分析这个问题的选择理论方法。根据1925—1940年中国的经验，我们详细阐释了一个一般性假说：合约选择是为了在交易费用的局限下获得更好的风险分散状态。根据同样的方法，我们还得出，租约期限的选择也是为了实现交易费用的最小化。

本书还将佃农理论应用于分析以下情形：地租分成率被降低到统一的法定最高分成率，这是一些亚洲国家和地区在推行各种农业改革的过程中常用的一个办法。我们以台湾地区为例，并对分成地租管制的相关规定进行了考察和解释。增加了这个局限条件的约束后，我们对分成租佃进行了均衡分析。由此我们得出两个假说，并对这两个假说进行了检验。第一个假说——关于补偿性支付和土地使用权再安排的产生——由相关禁令的存在以及对违规者的各种惩罚所证实。这也为我们提出第二个假说——耕作强度增加——提供了必要条件。

第二个假说的含义是，分成地租管制导致资源配置的边际等式不相等，这由资源再配置和相应的产出变动模式的观察事实所证实。在台湾土地改革的第一阶段，租管政策导致了无效率的资源配置。

经常会有人认为，标准的经济理论并不适用于发展中国家。他们宣称这些国家属于一种特例，行为是“非理性”的，并常常提出一些新的假说来解释他们所谓的各种“神秘”现象。但是，只有明确指出有关的局限条件，我们才能推导出有价值的理论。在有关“经济欠发达”国家的文献中，很少有人认识到与财产权相关的局限条件，并对此做出恰当的处理。

当然，由于规定资源使用的财产法存在多面性，明确地找到影响行为选择的局限条件并非总是那么容易。但不考察相关的财产法，用特殊理论来解释一些所谓的“神秘”现象显然是靠不住的。“隐性失业”和“二元经济”就是这种特殊理论的例子。我在附录A中指出，因租管所导致的总产量增长否定了台湾农业中存在隐性失业的观点。此外，租管中，非土地资源流入农业总体上的确造成了“二元经济”。然而，耕作强度增加假说完全是由标准的经济理论推导而来的。

我们还可以对与本研究有关的许多问题做进一步的考察。有两个与亚洲农业改革相关的重要课题值得研究。第一个是对改革中不同的财产法进行比较研究。了解它们的起源和异同之处，比较法律的执行成本，以及更为困难的是，认识它们赖以产生的经济原因，将会对我们研究财产权的形成提供更多的线索。第二个课题是推导出一个或许可以被称为固定土地使用权的理论，目的是解释以下这种资源配置：耕种权被排他性地分配给单个农户，且禁止转让。这个理论可以用来理解台湾地区在1953年实行的“耕者有其田”计划，以及亚洲一些国家在过去10年所推行的类似计划。同时，它可以为研究欧洲封建时期和日本德川时代的土地资源配置提供重要线索。

佃农理论还可以扩展到对其他行业的分析。分成合约不仅存在于农业中，而且在零售业、美容业、加油站、游乐园租赁，甚至是在高度管制的石油业和渔业中也是相当普遍的。当然，如果竞争的局限条件不同，就需要对佃农理论进行调整以便解释这些行业中的资源配置问题。我们还可以将这个理论应用到部分资源属于公有的分成合约中。比如，在1951年之前的台湾，一部分由当局拥有的耕地是在分成的基础上出租给了佃农；而在中国大陆的50年代，企业的普遍形式都是基于分成安排的公私合营。

最后，还需要对合约安排选择和交易费用做更为正式的分析。正如第四章所提到的，因无法推导出具体的交易费用函数，以及未能解决选择理论中涉及风险的一些问题，我没有得到一般性的均衡解。不管合约如何安排，分析土地使用权的正确方法是考察财产法（它界定了竞争的局限条件）的性质，而不是像通常那样，仅仅去责难看似有缺陷的租约安排，并鼓吹修改法律。

附录A　对隐性失业和“二元经济”假说的评论

一些学者把亚洲（特别是中国）出现的持有小块土地的现象归因于家庭和社会结构。另一些学者则将拥挤的耕种条件看作隐性失业的证据（据说农民的边际生产力为零或为负）。还有人认为，无论农民的边际生产力是否为零，农业中的劳动生产力都低于其他地方。学者们发展出各种关于隐性失业和二元经济的假说，有的是根据家庭结构，有的是基于无限的劳动供给，有的是依据特殊固定要素系数的生产函数（据说这是因为农民对耕种方法的无知而造成的），还有的是建立在维持最低生活水平基础之上的理论。不少学者坚持认为，在欠发达地区，耕作决策依据的是平均产出，而非边际产出。①

① 持有这种观点的文献非常多。尤其是，路易斯（W. A. Lewis, “Economic Development with Unlimited Supplies of Labor,” *Manchester Scholl of Economic and Social Studies*, May, 1954）。对于这些假说更为一般化的讨论，参见希金斯（Benjamin Higgins, *Economic Development*, New York: W. W. Norton & Company, 1959），第11—17章；考等（C. H. C. Kao et al., “Disguised Unemployment in Agriculture,” in *Agriculture in Economic Development*, ed. C. K. Eicher and L. Witt, New York: McGraw-Hill Book Co., 1964）；梅因（H. Myint, *The Economics of the Underdeveloped Countries*, London: Hutchinson & Co., 1964）；森（A. K. Sen, “Peasants and Dualism with or without Surplus Labor,” *Journal of Political Economy*, October, 1966）。

基于这些前提建立起来的假说是不正确的。第一，将耕种拥挤看作一种社会现象，实际上是回避了经济学问题。第二，认为存在无限的劳动供给或者劳动“剩余”，其实是没有任何事实基础的主张。第三，宣称农民对耕种方法的无知也是一种自以为是的说法，因为竞争将会带来丰富的经验。更接近于事实的说法是，无知的正是经济学理论家自己。第四，最低生活维持水平是有弹性的、可以变动的标准。第五，由于缺乏对行为的明确假设，有关平均产出的观点与资源私有制条件下的财富最大化是不相符的。

对于亚洲农业中较高的土地劳动比，第二章推导出来的佃农理论提供了一个不同的解释：农民持有（或耕种）的土地面积较小，是因为他们从事其他经济活动赚取的收入较少。他们的收入之所以较低，是因为相对于劳动力的规模，可耕地面积较少；同时，有关耕种的技艺和知识在其他行业中的市场价值也不高。在土地私有制中，地主出于自身利益不会允许存在着“隐性失业”（即劳力的边际产出为负）。给定现有的资源水平，耕种拥挤是财富最大化的结果，而不是“非理性”的结果。

不难证明，旨在解释“欠发达”农业中资源配置的“原创”理论或假说都是多此一举。基于有关亚洲农业土地使用的事实，并考虑到这些分析人士忽视了相关的产权局限，我们可以很容易驳斥以上假说。

首先，让我们仔细地观察一下亚洲出现的所谓拥挤耕种情况，以西方的标准来看，“过度拥挤”的程度是毫无疑问的。

> 稻米和甘蔗的种植季节是交叉的。当甘蔗应该种植的时候，前面的稻子还没有成熟。解决这个问题的办法是，在稻子收割之前一个月将甘蔗种植在未成熟的稻子之间。因为甘蔗的行距是1.39米，株距是0.4米，农民在夏天常会在每两行甘蔗之间种植花生、红薯、棉花和大豆。这些间种的农作物是在甘蔗长高前的11月或12月收割的。[①]

如此复杂的耕作例子还有很多。[②]不过，正如卜凯所指出的：

> 由中国的农作物实际使用土地的复杂情况来看，很明显，尽管农产品大量用于人类的直接食用，而不是通过先喂养牲畜来间接供人食用，农产品的产量还是比（西方）大。[③]

卜凯惊讶于中国存在各种不同耕种密度和土壤保持的办法，发展经济学家却往往忽视了土地使用的弹性。那些不了解实际情况、

① 沈（Tsung-han Shen, *Agricultural Development on Taiwan since World War II*, New York: Comstock Pub. Associate），第198—199页。

② 比如参见金（F. H. King, *Farmers of Forty Centuries*, Emmaus: Organic Gardening Press, 1900）。作为一个1900年的观察者，金和之后的卜凯一样，对亚洲的耕种技术进行研究花费了大量的心血，尽管他主要是在书中通过图片展示的方式来强调种植的密集性。但是，东方学者对这种种植方式已经习以为常。比如参见沈（*Agricultural Development on Taiwan*）；同上（*Agricultural Resources of China*, New York: Cornell University Press, 1951）；以及Nien-tsing Lu（*An Analysis of Farm Family Economy of Owner-Operators under the Land-to-the-Tiller Program in Taiwan*, Taipei: The Research Department of the Bank of Taiwan, 1965）。还可参见本书第八章。

③ 卜凯（J. L. Buck, *Land Utilization on China,* Chicago: University of Chicago Press, 1937），第242页。

缺乏想象力的理论家可能很容易地将拥挤耕种视为一种浪费，并急于提出一些时髦的理论和政策建议作为屠龙之技。

证据显示，在亚洲农业改革之前，农业劳动的边际产出不仅是正的，而且在任何地方都不会接近于零。以台湾为例，1948 年，农民人均持有（耕种）的土地面积非常之少。但正如第七章和第八章所显示的，减租之后，在租佃农地中增加的劳动和其他要素导致产出大幅增长。

实际上，种植常规农作物这一事实本身就证实了，劳动的边际产出是正的。这是因为，同样的土地可以被用来种植其他农作物，比如蔬菜。蔬菜比常规作物具有更高的市场价值，而且种菜所需的劳动投入一般是常规农作物的 8 倍。①放弃常规作物而种植蔬菜，将会导致劳动投入的增加和较高的总收入。然而，在亚洲只有一小部分耕地是用来种植蔬菜的。②

劳动的边际生产力为零意味着，不再有可能通过选择更为劳动密集型的农作物来获得更高的收入，而这是被事实所证伪的。它还意味着，不存在闲置的边际土地，或者不可能通过加快作物的轮作速度来

① 关于不同农作物所需的劳动强度估计，请参见Lu（*Analysis of Farm Family Economy*），第142—144页；S. C. Hsieh and T. H. Lee（“The Effects of Population Pressure and Seasonal Labor Surplus on the Pattern and Intensity of Agriculture in Taiwan,” mimeographed, 1964）。关于蔬菜和其他农作物的市场价值，见Shen（*Agricultural Resources of China*），第24章；台湾省农林局，《台湾农业年鉴》。

② 参见本书第八章，表3；和Shen（*Agricultural Resources of China*），第24章。还可参见Lu（Analysis of Farm Family Economy）所观察到的48种农作物轮作方式，第124—134页。

增加劳动和收入，而这也是被事实所证伪的。它又有一个含义是，利用劳动可以将多数旱田转为水田。证伪的证据还可以举出很多。

驳斥隐性失业和“二元经济”假说的第二个原因是，它们忽视了既有的财产权制度。在土地私有权的条件下，无论耕种多么拥挤，由标准的经济理论无法推出隐性失业的存在。当然，在公共所有权的情况下，劳动的边际产出为零或为负是符合一般经济理论的。[①]这是因为，使用者之间的竞争将会导致土地的租金价值耗散至零，因而劳动的平均产出等于工资率（即在其他领域所能赚取的收入）。

假如，正像发展经济学家所认为的那样，经验证据的确证实了农业中的劳动边际产出低于其他领域。即便他们的假说是用来解释过去20年的亚洲经验的——正如他们许多曾经做的那样，但仍然是错的。他们的错误是因为，自由市场的私人耕地所有权——他们的假说中隐含的——自1950年后在亚洲几乎就不存在了。正如我们在第一章所提及的，亚洲的各种农业改革政策事实上导致了“二元经济”的出现。特别是，正如在本研究第二部分中所分析的，地租分成率管制使得租佃农地中的劳动边际产出低于其他地方。但是，这个结论完全来自标准的经济理论。

不过，以上讨论不应被理解为，在资源私有的情况下，同质劳

① 例如参见斯科特·戈登（H. Scott Gordon, “The Economic Theory of a Common-Property Resource: The Fishery,” *Journal of Political Economy*, August, 1954）。还可参见安东尼·巴特利（Anthony Bottomly, “The Effect of Common Ownership of Land upon Resource Allocation in Tripolitania,” *Land Economics*, February, 1963）。

动的边际生产力在任何地方、任何时候一定都是相等的。由于存在信息费用和资源转移费用，不同工作具有不同的非货币性收益，生活成本上也存在差异，这些足以导致劳动边际产出的不相等。当然，这些因素可以被纳入一般经济理论之中。我之所以反对隐性失业和“二元经济”的假说，更多的是因为它们忽略了土地使用的弹性以及有关产权的局限条件。

附录B　中国固定合约和分成合约的地租支付

在这个附录中，我试图说明两点：地租分成率因土地等级不同而不同，分成地租一般要高于固定（实物）地租。中国在20世纪30年代出版的资料为我们提供了所需的大量研究数据。我一直不能在细节上确定这些数据是如何收集整理的，甚至也弄不清确切的样本数。但是，不同数据来源的经验观察一律呈现出同样的模式（参见第三章），使我对它们的可靠性增加了信心。

1. 表9展示了22个省7个不同土地等级的地租分成率。它们表示的是正产品的分成率，全部来自分成合约。除了少数几个外，较低等级的土地都与较低的分成率相对应。根据另外一个类似的调查（23个省6个等级土地，中国，1930），在全部124个观察数据中，仅有两个是例外。[①]

① 参见立法院，《统计月报》，第2.5节，1930年。

表9 22个省7个级别土地的平均分成率（中国，1932年）

省份	A级	B级	C级	D级	E级	F级	G级
江苏	51	49	49	49	49	48	47
浙江	50	49	47	43	41	38	36
安徽	42	42	37	41	39	37	35
江西	50	51	47	44	43	39	36
湖北	54	44	41	38	35	32	33
湖南	54	52	48	46	44	39	37
四川	69	55	52	47	43	39	37
河北	56	53	51	50	48	46	44
山东	51	53	52	52	51	49	47
山西	57	54	54	52	49	47	44
河南	56	57	55	54	53	53	51
福建	51	50	47	46	40	39	35
广东	47	44	42	40	37	37	34
云南	52	48	46	42	39	36	32
贵州	57	53	50	47	42	39	35
辽宁	49	45	41	40	37	32	29
吉林	50	43	39	35	36	32	31
黑龙江	42	41	37	35	37	34	30
热河	49	46	46	44	43	40	33
察哈尔	54	51	50	49	45	40	31
绥远	51	46	42	45	36	37	32
新疆	54	52	45	42	39	35	34

资料来源：内务部，《内务公报》，2期，第1、2卷（1932年）

由于缺乏更充分的数据信息，我们无法解释这些例外情况。比如，地租分成率不仅取决于土地的肥沃程度，也取决于签约方各自提供的非土地投入。而且，一些土地可能会比其他土地种更多“农副产品"("minor" crops)，它们的分成率似乎并没有适当地包括在内。

2. 我在表10中试图说明，因为分担风险，分成地租通常高于实物地租。表中的数字是以货币的绝对价值来表示的。我们不仅发现一些例外，而且一些差异似乎也太大了。根据另一个类似的比较研究调查（中国，1932年），[①]其中固定地租和分成地租是以产量的百分比来表示的。我们同样发现几个例外（固定地租高于分成地租），但差距大幅缩小。

表10　以作物年产值（元）量度的每亩固定（实物）地租和分成地租（中国，1934年）

省份	实物地租（元）	分成地租（元）	省份	实物地租（元）	分成地租（元）
合计平均	4.2	4.6			
江苏	3.4	5.6	陕西	3.1	3.0
浙江	4.6	5.9	江苏	2.1	2.4
安徽	3.1	5.4	青海	1.1	1.8
江西	3.3	6.7	福建	5.7	6.0
湖北	2.8	5.6	广东	7.5	6.1
湖南	4.4	7.2	广西	6.6	6.5
四川	7.1	8.3	云南	7.5	7.6
河北	3.1	3.3	贵州	5.0	4.5
山东	5.5	6.1	察哈尔	1.2	1.9
山西	1.7	1.8	绥远	1.8	1.5
河南	4.4	2.5	宁夏	6.1	4.2

资料来源：土地局，《中国经济年鉴》(1936)，G62–83页

① 内务部，《内务公报》2期，第1、2卷。还可参考立法院，《统计月报》，第2.5节，1930年。

由于在相关数据收集和整理方面缺乏足够的信息，我们无法解释这些特例和“异常”的差异。除此之外，自然因素也是很重要的。如果将固定地租与分成地租进行比较，二者必须以同样的方式来表示，要么都是固定的绝对数值，要么都是比率。然而，根据固定的（货币）数值（如表10）来计算和表示的话，在收成差时，分成地租通常会有较低的绝对地租，而在收成好时则相反。另一方面，以比率表示的固定（实物）地租，在收成差时呈现出较高的比率，而在收成好时则相反。只有在正常年份中，假设其他因素不变，分成地租的风险溢价才可以准确地呈现出来。不管怎样，税收等价法的含义——分成合约中的地租收入必定低于固定合约的地租收入——是被证伪了。

我希望，能够对不同合约安排的风险溢价做进一步的研究。

参考文献

Adams, Warren. "Reflections of Recent Land Reform Experience in Iraq." *Land Economics*, May, 1963.

Alchian, Armen A. "Private Property and the Relative Cost of Tenure." In *The Public Stake in Union Power,* ed. Philip Bradley. University of Virginia, 1959.

______. "Some Economics of Property Rights." Mimeographed. Santa Monica: The Rand Corporation, 1963.

Bator, Francis M. "The Anatomy of Market Failure." *Quarterly Journal of Economics*, August, 1958.

Betham-Edwards, ed., *Arthur Young's Travels in France during the Years 1787, 1788, and 1789*. London: George Bell and Sons, 1892.

Bottomley, Anthony. "The Effect of Common Ownership of Land upon Resource Allocation in Tripolitania." *Land Economics,* February, 1963.

Bray, J. O. "Farm Tenancy and Productivity in Agriculture: The Case of the United States." *Food Research Institute Studies,* vol. 4, no. 1 (1963).

Buck, John Lossing. *Chinese Farm Economy*. Chicago: University of Chicago Press, 1930.

______. *An Economic and Social Survey of 102 Farms near Wuhu, Anwhei, China*. Nanking, 1923.

Note: An asterisk indicates that the work is available only in Chinese; quotations from these sources are my translations.

———. *An Economic and Social Survey of 150 Farms, Yehshan County, Hopei, China*. Nanking, 1926.
———. *Farm Ownership and Tenancy in China*. Shanghai: National Christian Council, 1927.
———. *Land Utilization in China*. Chicago: University of Chicago Press, 1938.
———, ed. *Land Utilization in China—Statistics—A Study of 16,786 Farms in 168 Localities and 38,256 Farm Families in Twenty-Two Provinces in China, 1929–1933*. Nanking: University of Nanking, 1938.
Bull, Frate. "Philippine Land Reform, 1950–1958." International Cooperation Administration, USOM/Philippines. Manila, 1958.
*Chang, Pe-Yu, and Wang, Yin-Yuen. *Questions of Farm Tenancy in China*. Chungking: Commercial Press, 1943.
Chang, Yen-Tien. "Land Reform in Taiwan." Mimeographed report no. 1. Taichung: Department of Agricultural Economics, 1954.
Chen, Cheng. *An Approach to China's Land Reform*. Taipei: Cheng Chung Book Company, 1951.
———. *Land Reform in Free China*. Taipei: Free China Review, 1953.
———. *Land Reform in Taiwan*. (Taipei: China Publishing Co., 1961.
*———. *Records of Taiwan Land Reform*. Taipei: Chung Hwa Book Company, 1961.
*Chen, Ching-Moh. *Land Rents of Various Provinces in China*. Shanghai: Commerical Press, 1936.
Chen, Han-Sheng. *Landlord and Peasant in China*. Shanghai: Kelly and Walsh, 1936.
*Chen, Tang-Yuen. *Systems of Land Tenure in China*. Shanghai: Commercial Press, 1932.
Cheng, Hsiao. *The Theory and Practice of Land Reform in China*. Taipei: Chinese Research Institute of Land Economics, 1953.
Cheung, Steven N. S. "Private Property Rights and Sharecropping." *Journal of Political Economy*, December, 1968.
———. "Transaction Costs, Risk Aversion, and the Choice of Contractual Arrangements," *Journal of Law & Economics*, April, 1969.

*Chiao, Chi-Ming. *A Social and Economic Study of Farm Villages in China*. Nanking: University of Nanking, 1938.

*China Economic Research Department. *Source Materials of Recent Chinese Agricultural History, 1912–1927*. Peking: United Book Store, 1957.

*China Land Bureau. *Rules and Regulations of Land Administration*. China: National Government, 1947.

*Chinese National Government. *Shengching Route Economic Report*. 1931.

*Chung Sen Department of Education. *Papers on Land Rent Problems in China*. Shanghai: Commerical Press, 1937.

Coase, Ronald H. "The Nature of the Firm." *Economica*, November, 1937.

______. "The Problem of Social Cost." *The Journal of Law and Economics*, October, 1960.

Committee on Census of Agriculture. *General Report on the 1961 Census of Agriculture*. Taipei, 1963.

Demsetz, Harold. "The Exchange and Enforcement of Property Rights." *Journal of Law and Economics*, October, 1964.

Department of Agriculture and Forestry. *Taiwan Agricultural Yearbook, 1948 Edition*. Taiwan: Provincial Government, 1948.

______. *Taiwan Agricultural Yearbook, 1949 Edition*. Taiwan: Provincial Government, 1949.

______. *Taiwan Agricultural Yearbook, 1950 Edition*. Taiwan: Provincial Government, 1950.

______. *Taiwan Agricultural Yearbook, 1951 Edition*. Taiwan: Provincial Government, 1951.

______. *Taiwan Agricultural Yearbook, 1952 Edition*. Taiwan: Provincial Government, 1952.

______. *Taiwan Agricultural Yearbook, 1953 Edition*. Taiwan: Provincial Government, 1953.

______. *Taiwan Agricultural Yearbook, 1958 Edition*. Taiwan: Provincial Government, 1958.

*Department of Internal Affairs. *Public Reports of Internal Affairs*, 2.1. China, 1932.

*______. *Public Reports of Internal Affairs*. 5.1 and 2. China, 1932.

*Department of Real Estates. *China Economic Yearbook*. Shanghai: Commercial Press, 1935.

*______. *China Economic Yearbook*. Shanghai: Commercial Press, 1936.

Dore, R. P. *Land Reform in Japan*. London: Oxford University Press, 1959.

Eicher, C. K., and Witt, L., eds. *Agriculture in Economic Development*. New York: McGraw-Hill Book Co., 1964.

*Executive Yuan. *Changes in Land Rights*. China, 1942.

Fisher, Irving. *The Theory of Interest*. New York: Macmillan Co., 1930.

Froehlich, W., ed. *Land Tenure, Industrialization and Social Stability: Experience and Prospects in Asia*. Milwaukee: Marquette University Press, 1961.

Georgescu-Roegen, N. "Economic Theory and Agrarian Reforms." *Oxford Economic Papers,* February, 1960.

Gittinger, J. P. "United States Policy toward Agrarian Reform in Underdeveloped Nations." *Land Economics,* August, 1951.

______. "Vietnamese Land Transfer Program." *Land Economics,* May, 1957.

Gordon, H. Scott. "The Economic Theory of a Common-Property Resource: The Fishery." *Journal of Political Economy,* August, 1954.

Grajdanzev, Andrew J. *Modern Korea*. New York: Institute of Pacific Relations, 1944.

______. "Statistics of Japanese Agriculture." Mimeographed. New York: Institute of Pacific Relations, 1941.

Grist, D. H. *Rice*. London: Longmans, Green and Co. 1953.

Heady, Earl. "Economics of Farm Leasing Systems." *Journal of Farm Economics,* August, 1947.

Heady, Earl, and Kehrberg, Earl. "Relationships of Crop-Share and Cash Leasing Systems to Farming Efficiency." *Research Bulletin* 386. Iowa State College Agricultural Experiment Station, May, 1952.

Higgins, Benjamin. *Economic Development*. New York: W. W. Norton & Company, 1959.

Higgs, Henry. "Metayage in Western France." *The Economic Journal*. March, 1894.

Hirshleifer, Jack. "Investment Decision under Uncertainty: Applications of the State-Preference Approach." *Quarterly Journal of Economics,* May 1966.

______. "Investment Decision under Uncertainty: Choice-Theoretic Approaches." *Quarterly Journal of Economics,* November, 1965.
______. "On the Theory of Optimal Investment Decision." *Journal of Political Economy,* August, 1958.
Hsieh, S. C., and Lee, T. H. "The Effects of Population Pressure and Seasonal Labor Surplus on the Pattern and Intensity of Agriculture in Taiwan." Mimeographed. 1964.
Institute of Pacific Relations. *Agrarian China, Selected Source Materials from Chinese Authors.* Shanghai: Kelly and Walsh, 1938.
Issawi, Charles. "Farm Output under Fixed Rents and Share Tenancy." *Land Economics,* February, 1957.
Johnson, D. Gale, "Resource Allocation under Share Contracts." *Journal of Political Economy,* April, 1950.
Johnson, V. Webster. "Agriculture in the Economic Development of Iran." *Land Economics,* November, 1960.
Jones, Richard. *An Essay on the Distribution of Wealth and on the Sources of Taxation.* Part 1 – *Rent.* London: John Murray, 1831.
Kao, C. H. C. *et al.* "Disguised Unemployment in Agriculture." In *Agriculture in Economic Development,* ed. C. K. Eicher and L. Witt. New York: McGraw-Hill Book Co., 1964.
*Kim, Lin-Ho. *A Study of the Economics of Chinese Farming Villages.* Shanghai: Chung Wah Book Store, 1937.
King, F. H. *Farmers of Forty Centuries.* Emmaus: Organic Gardening Press, 1900.
Klein, Sidney. *The Pattern of Land Tenure Reform in East Asia after World War II.* New York: Bookman Assoicates, 1958.
Knight, F. H. "Some Fallacies in the Interpretation of Social Cost." *Quarterly Journal of Economics,* vol. 38 (1924).
Kristjanson, B. H. "The Agrarian-Based Development of Iran." *Land Economics,* February, 1960.
Lee, Shu-Ching. "The Heart of China's Problem, the Land Tenure Systems." *Journal of Farm Economics,* October, 1946.
Lee, T. H. "Impact of Land Reform on Agricultural Development and Rural Employment in Taiwan." Mimeographed paper 63-RED-M-176. Taipei: Sino-American Joint Commission on Rural Reconstruction.

*Legislative Yuan. *Statistical Monthly,* 2.5, China, 1930.
Lewis, W. A. "Economic Development with Unlimited Supplies of Labor." *Manchester School of Economic and Social Studies,* May 1954.
Long, Ervin J. "The Economic Basis of Land Reform in Underdeveloped Countries." *Land Economics,* May, 1961.
*Lu, Nien-Tsing, *An Analysis of Farm Family Economy of Owner-Operators under the Land-to-the-Tiller Program in Taiwan.* Taipei: The Research Department of the Land Bank of Taiwan, 1965.
McCulloch, J. R. *Principles of Political Economy.* Edinburgh, 1843.
Marshall, Alfred. *Principles of Economics.* 8th ed., 1920; London: Macmillan & Co., 1956.
Mill, John S. *Principles of Political Economy.* 4th ed.; London: John W. Parker and Son, 1857.
Miller, Walter G.; Chryst, Walter E.; and Ottoson, Howard W. "Relative Efficiencies of Farm Tenure Classes in Intrafirm Resource Allocation." *Research Bulletin* 461. Iowa Agricultural and Home Economics Experiment Station, November, 1958.
Ministry of Agriculture and Forestry. *Agricultural Land Reform Legislation.* Tokyo: 1949.
______. Supreme Commander Allied Powers, Natural Resources Section Report no. 79. *Farm Tenancy in Japan.* Tokyo, 1947.
______. Report no. 127. *Japanese Land Reform Program.* Tokyo, 1950.
Mitchell, C. C. "Land Reform in South Korea." *Pacific Affairs,* vol. 22, no. 2 (June, 1949).
Myint, H. *The Economics of the Underdeveloped Countries.* London: Hutchinson & Co., 1964.
*Nagamu, Ro. *A Study of Land Systems in China.* Chinese translation; Shanghai: Kuo Kwong, 1934.
*National Government, Statistics Department. *Statistical Analysis of Tenancy Systems in China.* China: Cheng Chung Book Store, 1942.
Office of Economic Policy. "The Taiwan Fertilizer Industry." Mimeographed. U. S. AID Mission to China, 1962.
Ogura, Takekazu. ed. *Agricultural Development in Modern Japan.* Tokyo: Japan FAO Association, 1963.

Parsons, Kenneth H. "Land Reform in the Postwar Era." *Land Economics,* August, 1957.

Peterson, Arthur W. "An Economic Study of Land Use In Taichung Hsien and City. 1960" Mimeographed. Taichung: Research Institute of Agricultural Economics, Chung Hsing University, 1960.

Pigou, A. C. *The Economics of Welfare.* London: Macmillan & Co. 1920.

*Pun, Lin-Fong. *New Ideas of China Land Reform.* Taipei: Chung Wah Cultural Publishers Association, 1957.

Rada, E. L., and Lee, T. H. *Irrigation Investment in Taiwan.* Taipei: JCRR, 1963.

Rasool, M. H. Hashimi, and Edwards, Alfred L. "Land Reform in Iraq: Economic and Social Implications." *Land Economics,* February, 1961.

Schickele, Rainer. "Effect of Tenure Systems on Agricultural Efficiency." *Journal of Farm Economics,* February, 1941.

Schultz, Theodore W. *Transforming Traditional Agriculture.* New Haven: Yale University Press, 1964.

Sen, Amartya K. "Peasants and Dualism with or without Surplus Labor." *Journal of Political Economy,* October, 1966.

Sharpe, William F. "Captial Asset Prices: A Theory of Market Equilibrium under Conditions of Risk." *Journal of Finance,* September, 1964.

Shen, Tsung-han. *Agricultural Development on Taiwan since World War II.* New York: Comstock Publishing Associates, 1964.

______. *Agricultural Resources of China.* New York: Cornell University Press, 1951.

Sino-American Joint Commission on Rural Reconstruction. *General Report,* vol. 1. Taipei: 1950.

______. *General Report,* Vol. 2. Taipei, 1952.

______. "JCRR Annual Reports on Land Reform in the Republic of China." Composite volume, mimeographed. 1965.

______. *Taiwan Agricultural Statistics, 1901–1955.* Taipei, 1961.

Sismondi, J. C. L. Simonde de. *Political Economy.* 1814; New York: Augustus M. Kelley, 1966.

Smith, Adam. *Wealth of Nations.* 1776; New York: Modern Library edition, 1937.

Stigler, George J. "The Economics of Information." *Journal of*

Political Economy, June, 1961.

Taiwan Provincial Land Bureau. "Implementation of the 37.5% Farm Rent Limitation Program." Mimeographed. Taipei: JCRR Translation, 1950.

Tang, Hui-sun. *Land Reform in Free China.* Taipei: Sino-American Joint Commission on Rural Reconstruction, 1954.

Tang, H. S., and Hsieh, S. C. "Land Reform and Agricultural Development in Taiwan." In *Land Tenure, Industrialization and Social Stability: Experience and Prospects in Asia,* ed. W. Froehlich. Milwaukee: Marquette University Press, 1961.

Tawney, Richard H. *Land and Labour in China.* London: G. Allen and Unwin, 1937.

Tsui, Young-chi. *A Study of Peanuts in Taiwan.* Taipei: JCRR, 1954.

———. "Land-Use Improvement: A Key to the Economic Development of Taiwan." *Journal of Farm Economics,* May, 1962.

Tuma, Elias H. "The Agrarian-Based Development Policy in Land Reform." *Land Economics,* August, 1963.

*University of Nanking. *Rental Systems in Four Provinces.* Nanking, 1936.

Warriner, Doreen. *Land Reform and Economic Development.* Cairo: National Bank of Egypt, 1955.

Yeh, S. M. *Rice Marketing in Taiwan,* Taipei: JCRR, 1955.

Young, Arthur. *Travels in France during the Years 1787, 1788, 1789.* Vol. 2. Dublin reprint, 1793.

———. *Travels in France during the Years 1787, 1788, and 1789.* Ed. Constania Maxwell. Cambridge University Press, 1929.

*Yu, Quan-Chung. *Land Systems and Regulations in China.* Vols. 1 and 2. Szechwan: National Szechwan University, 1944.